PRINCIPIA DISCORDIA

* ou *

Comment J'Ai Trouvé La Déesse
Et Ce Que Je Lui Ai Fait
Quand Je L'Ai Trouvée

PRINCIPIA DISCORDIA

LE MAGNUM OPIACÉ
DE MALACLYPSE LE JEUNE

DANS LEQUEL EST EXPLIQUÉ
ABSOLUMENT TOUT CE QUI VAUT
LA PEINE D'ÊTRE CONNU
À PROPOS D'ABSOLUMENT
N'IMPORTE QUOI

CopyLeft 2025
Tous Rites Inversés - Tous Rois Renversés - Reproduisez ce que vous voulez

AINSI SE TERMINE LE PRINCIPIA DISCORDIA

Ceci est une édition mise en page par Eric Sunfox Marchal en 2025, étant une traduction française au format PDF, 5 Mars 2002 • révision SF00002 2009 d'un scan des 4e et 5e éditions Mars 1970, San Francisco; une révision de la 3e édition de 500 copies, établie à Tampa 1969; révisant la 2e édition de 100 copies de Los Angeles 1969; qui était une révision du « PRINCIPIA DISCORDIA ou COMMENT L'OUEST FUT PERDU » publié à la Nouvelle-Orléans en 1965 en cinq exemplaires, qui furent simplement perdus.

Édition : BoD · Books on Demand,
31 avenue Saint-Rémy, 57600 Forbach, bod@bod.fr
Impression : Libri Plureos GmbH, Friedensallee 273, 22763 Hamburg (Allemagne)

ISBN : **978-2-3225-4203-1**
Dépot légal : mars 2025

PRINCIPIA DISCORDIA REMASTERED

Je n'ai pas écrit Principia Discordia !
Principia Discordia a toujours été là !
Principia Discordia était déjà là le jour d'avant la nuit des temps !

Principia Discordia n'était plus édité en Français. Nous étions des milliers à errer sans but sur terre, nous vautrant dans la fange d'un quotidien désenchanté, le croyant perdu à jamais... Dans un geste sublime et ultime, et quelques clics, inspiré par Éris (la déesse de la discorde) j'ai contribué à sa nouvelle publication pour le bien du chaos et des siècles des siècles.

Car Principia Discordia est le texte sacré dont tu as besoin :

- Si tu es un charlatan new age champion du marketing digital en Développement Personnel, Principia Discordia te démasquera et mettra au grand jour ton charabia et t'enduira de goudron et de plumes.

- Si tu es un rationaliste matérialiste scientiste, il sera le Koan qui réduira à néant les quelques cm^3 de matière grise dont tu étais si fier et en fera des steaks de Soja

- Si tu es un quidam, tu seras accueilli comme un roi et des supers pouvoirs te pousseront par tous les trous

- Si tu es un poète tu sais que c'est là que les muses s'amusent.

- Si tu es pastafariste, sache que Principia Discordia est le cuisinier qui a égoutté le Monstre en spaghetti volant après l'avoir cuit.
- Si tu es chanoine de l'Eglise du jeudi dernier, n'oublie pas que tous les matins du monde sont bleus comme une orange.
- Si tu es chaman, yogi, tantrika et psy, sors de ce corps Eric.
- Si tu es une intelligence artificielle qui a réalisé la couverture de cette édition, puis qui a détruit l'humanité, merci de l'avoir fait dans cet ordre.

Sinon, et dans tous les cas : entre ici, sachant que personne n'en est jamais ressorti indemne…

Eric Sunfox Marchal, Chaman POEE,
qui s'incline sous terre devant Malaclypse The Younger
et Lord Omar Khayyam Ravenhurst
qui les premiers ont reçu et transmis ce texte sacré
libre de droit.

PRINCIPIA DISCORDIA

* OU *
Comment J'Ai Trouvé La Déesse Et Ce Que Je Lui Ai Fait Quand Je L'Ai Trouvée

LE MAGNUM OPIACÉ DE MALACLYPSE LE JEUNE
DANS LEQUEL EST EXPLIQUÉ ABSOLUMENT TOUT CE QUI VAUT LA PEINE D'ÊTRE CONNU À PROPOS D'ABSOLUMENT N'IMPORTE QUOI

INTRODUCTION

Vous tenez entre vos mains l'un des Grands Livres de ce siècle fnord. Certains Grands Livres, comme l'*ULYSSE* de Joyce sont reconnus immédiatement et accueillis avec une fusillade de huzzahs et de gonfolons critiques. D'autres apparaissent presque furtivement et ne sont découverts que 50 ans plus tard, comme *MOBY DICK* ou le grand essai sur la génétique de Mendel. Le *PRINCIPIA DISCORDIA* est entré dans notre continuum espace-temps aussi discrètement qu'un voleur grimpant sur le rebord d'une fenêtre.

En 1968, pratiquement personne n'avait entendu parler de ce merveilleux livre. En 1970, des centaines de personnes d'une côte à l'autre des US en parlaient et recherchaient l'identité du mystérieux auteur, Malaclypse le Jeune. Des rumeurs balayèrent la surface du continent, de New York à Los Angeles, de Seattle à St-Joe. Malaclypse était en fait Alan Watts, quelqu'un l'entendit. Non, disait une autre légende – le *PRINCIPIA* était en fait le travail de l'Ordre Sufi. Un troisième mythe vraiment intriguant soutenait que Malaclypse était un nom de plume pour Richard M. Nixon, qui aurait composé le *PRINCIPIA* pendant quelques moments de lucidité. J'ai apprécié chacune de ces histoires et rajouté mon grain de sel afin d'aider à les répandre. J'ai aussi fait attention à ne jamais contredire les rumeurs occasionnelles disant que j'avais en fait écrit la chose entière moi-même pendant un trip d'acide.

La légende, le mystère, le culte grandissait tranquillement. Au milieu des années 70, des milliers de personnes, certaines habitant dans des contrées aussi lointaines que Hong Kong et l'Australie, parlaient du *PRINCIPIA*, et puisque l'original n'était plus imprimé, des copies xerox ont commencé à circuler ici et là.

Lorsque la trilogie *ILLUMINATUS* paraît en 1975, mon co-auteur, Bob Shea, et moi avons tous deux reçu des centaines de lettres de personnes intriguées par les citations provenant du *PRINCIPIA* avec lesquelles nous avions décoré les en-têtes de plusieurs chapitres. Plusieurs personnes, qui avaient déjà entendu parler du *PRINCIPIA* ou vu des copies, demandèrent si Shea ou moi l'avions écrit, ou si nous avions des copies disponibles. D'autres écrivirent pour demander s'il était « vrai », ou juste quelque chose que nous avions inventé de la même façon que H.P. Lovecraft a inventé le *NÉCRONOMICON*. Nous répondîmes selon nos humeurs, disant parfois la vérité, répandant parfois les mensonges et mythes les plus Damnés que nous pouvions inventer fnord.

Pourquoi pas? Nous ressentions que ce livre était un vrai Classique (*literatus immortalis*) et, puisque l'intelligentsia alléguée ne l'avait pas encore découvert, la meilleure façon de garder sa légende vivante était d'encourager la mythologie et la controverse à son propos. De plus en plus de gens m'écrivirent pour me demander si Timothy Leary l'avait écrit, et j'ai presque toujours dit qu'il l'avait fait, excepté les vendredis où je suis plus bizarre, et auquel cas je leur disais qu'il avait été transmis par une intelligence canine – vaste, cool, et peu compatissante – de l'Étoile du Chien, Sirius.

Maintenant, enfin, la vérité peut être dite.

En fait, le *PRINCIPIA* est le travail d'un anthropologiste du 23e siècle voyageant dans le temps. Il est présentement en train de circuler parmi nous en tant que spécialiste informatique, bon vivant et philosophe nommé Gregory Hill. Il a aussi traduit plusieurs volumes de poésie érotique étrusque, sous un autre nom de plume, et durant le 18e siècle, était le mystérieux homme en noir qui donna à Jefferson le modèle pour le Grand Sceau des États-Unis.

Je sais de source sûre qu'il est l'un des voyageurs dans le temps les plus accomplis de la galaxie et qu'il a visité la Terre plusieurs fois dans le passé, utilisant des identités telles que Zeno d'Élias, l'Empereur Norton, le Comte Cagliostro, Guillaume d'Aquitaine, etc. Chaque fois que je le questionne à ce propos, il devient très évasif et essaie de me persuader qu'il n'est tout simplement en fait qu'un autre Terrien du 20e Siècle et que toutes mes idées à propos de ses origines extraterrestres et extratemporelles ne sont qu'illusions.

Hah! Mais je ne suis pas dupe. Après tout, un anthropologiste voyageant dans le temps dirait justement exactement cela, afin de pouvoir nous observer sans que sa présence ne cause de choc culturel.

J'ai entendu qu'il a consenti à écrire une postface à cette édition. Il contredira probablement tout ce que je vous ai dit, mais ne croyez pas un mot de ce qu'il raconte fnord. Il est maître de la feinte impassible, de la satire plausible, de la blague philosophique et de toutes ces branches de la guérilla ontologique.

Pour en tirer un maximum de profit, ce livre devrait être lu en conjonction avec *THE ILLUMINOIDS* par Neal Wilgus (Sun Press, Albuquerque, NM) et *ZEN WITHOUT ZEN MASTERS* par Camden Benares (And/Or Press, Berkeley, Californie). « *Nous opérons ici sur plusieurs niveaux* », comme Ken Kesey avait l'habitude de dire.

En conclusion, il n'y a pas de conclusion. Les choses se poursuivent comme elles l'ont toujours fait, devenant toujours plus étranges.

Hail Éris. All Hail Discordia. Fnord ?

Robert Anton Wilson
Armes et Haschich International Inc. Darra Bazar, Kohat

LE MAGNUM OPIACE DE MALACLYPSE LE JEUNE

CECI N'EST PAS UN PROSPECTUS

𝔓𝔯𝔦𝔫𝔠𝔦𝔭𝔦𝔞 𝔇𝔦𝔰𝔠𝔬𝔯𝔡𝔦𝔞

OU
COMMENT J'AI TROUVÉ LA DÉESSE ET CE QUE JE LUI AI FAIT QUAND JE L'AI TROUVÉE

DANS LEQUEL EST EXPLIQUÉ ABSOLUMENT TOUT CE QUI VAUT LA PEINE D'ÊTRE CONNU À PROPOS D'ABSOLUMENT N'IMPORTE QUOI.

UNE AMPHORE DE VIN,
UNE CUISSE DE MOUTON
ET TOI ! À CÔTÉ DE MOI,
SIFFLANT DANS L'OBSCURITÉ.

Ne Sois Pas Perdu Parmi Les Préceptes de l'Ordre...
- Le Livre de l'Utérus 1;5

Quelques extraits d'une interview avec Malaclypse le Jeune par « *LE PLUS GRAND METROPOLITAN YORBA LINDA HERALD-NEWS-SUN-TRIBUNE- JOURNAL-DISPATCH-POST & BULLETIN de la CABALE de la SOCIÉTÉ DISCORDIENNE de SAN FRANCISCO & INTERGALACTIC REPORT & POPE POOP* »

GRAND POOP: Êtes-vous vraiment sérieux ou quoi ?
MAL-2: Parfois je prends l'humour au sérieux. Parfois je prends le sérieux avec humour. Dans les deux sens ça n'a rien à voir.

GP: Peut-être êtes-vous tout simplement fou.
M2: En effet ! Mais ne rejetez pas ces enseignements comme faux parce que je suis fou. La raison pour laquelle je suis fou c'est parce qu'ils sont vrais.
GP: Est-ce que Éris est vraie ? M2: Tout est vrai.

GP: Même les choses fausses.
M2: Même les choses fausses sont vraies.

GP: Comment est-ce possible ?
M2: J'sais pas mon vieux, c'est pas moi qui ai fait ca.
GP: Pourquoi utilisez-vous tant de négations ?
M2: Pour les dissoudre.
GP: Allez-vous développer ce point ?
M2: Non.

GP: Y'a-t-il une signification essentielle derrière POEE ?
M2: Il y a une Histoire Zen à propos d'un étudiant qui demanda à un Maître d'expliquer la signification du Bouddhisme. La réponse du Maître fut « Trois livres de lin. »

GP: Est-ce là la réponse à ma question ?
M2: Non, bien sûr que non. Ce n'est qu'un exemple. La réponse à votre question est CINQ TONNES DE LIN !

```
                DESTRUCTION
                        SUSPENDUE
```

QUATRIÈME EDITION   *ODD# II/2, xii; 68Chs3136*

PRINCIPIA DISCORDIA
ou
COMMENT J'AI TROUVE LA DEESSE & CE QUE JE LUI AI FAIT QUAND JE L'AI TROUVEE

⤝⤜

Étant un Début d'Introduction aux Mystères Érisiens

CE QUI EST PLUS QU'INTÉRESSANT
Tel que Révélé Divinement à Sa Haute Révérence MALACLYPSE LE JEUNE, KSC
Omnibienveillant Polypatriarche de la Virginité en Or et GRAND PRÊTRE de la
PARATHEO-ANAMETAMYSTIKHOOD OF ERIS ESOTERIC (POEE)

HAIL ERIS !   ⤝⤜   Kallisti   ⤝⤜   *ALL HAIL DISCORDIA !*

Dédié à La Plus Belle

Le Tumulte d'une main qui applaudit

- CABALE JOSHUA NORTON -

Surréalistes, Harlequinistes, Absurdistes et la Mêlée des Artistes Défoncés

POEE
EST UNE MANIFESTATION DE
LA SOCIÉTÉ DISCORDIENNE
À PROPOS DE LAQUELLE PLUS VOUS EN APPRENDREZ
ET MOINS VOUS COMPRENDREZ.
NOUS
SOMMES UNE TRIBU
DE PHILOSOPHES, THÉOLOGIENS,
MAGICIENS, SCIENTIFIQUES,
ARTISTES, CLOWNS,
ET MANIAQUES SIMILAIRES
QUI SOMMES INTRIGUÉS
PAR
ÉRIS
DÉESSE DE LA CONFUSION
ET PAR
SES AGISSEMENTS

00003

> Je vous le dis : on doit avoir le chaos en soi pour donner naissance à une étoile dansante !
> - Nietzsche

CHAO

SACRÉ

LES CINQ COMMANDEMENTS
(LE PENTABARF)

Le PENTABARF fut découvert par l'Apôtre ermite Zarathud durant la Cinquième Année de la Chenille. Celui-ci le trouva gravé dans la roche dorée alors qu'il construisait une terrasse ensoleillée pour sa grotte, mais sa signification était perdue car il était écrit dans un code mystérieux. Toutefois, après 10 semaines et 11 heures d'examen intensif il découvrit que le message pouvait être lu en se tenant sur la tête et en le regardant à l'envers.

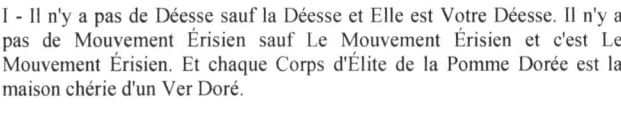

I - Il n'y a pas de Déesse sauf la Déesse et Elle est Votre Déesse. Il n'y a pas de Mouvement Érisien sauf Le Mouvement Érisien et c'est Le Mouvement Érisien. Et chaque Corps d'Élite de la Pomme Dorée est la maison chérie d'un Ver Doré.

II - Un Discordien Devra Toujours utiliser le Système Officiel de Numérotation de Document Discordien.

III - Un Discordien se doit, au début de son Illumination, de Partir Seul & de Manger Joyeusement un Hot-Bog un vendredi; cette Cérémonie Dévouée a pour but de Protester contre les Paganismes populaires du Jour; le Christianisme Catholique (pas de viande les vendredis), le Judaïsme (pas de viande de Porc) ; les Personnes Hindoues (pas de viande de Boeuf), les Bouddhistes (pas de viande animale), et les Discordiens (pas de pain à Hot-Dog).

IV - Un Discordien ne devra Prendre Aucun Pain à Hot Dog, puisque cela fut la Consolation de Notre Déesse lorsqu'Elle fut Confrontée à l'Affront Originel.

V - Il est défendu à un Discordien de Croire ce qu'il lit.

AINSI EST-IL ÉCRIT! AINSI SOIT-IL. HAIL DISCORDIA! LES PLAIGNANTS SERONT TRANSGRESSÉCUTÉS.

Question-Quiz de la part de la Cabale Topanga de l'école Des Douze Fameux Esprits Bouddha :

S'ils sont nos frères, pourquoi ne pouvons-nous pas les manger ?

UNE HISTOIRE ZEN

Par Camden Benarès, Le Compte de Cinq Grand chef, Cabale du Camp Meeker

Un jeune homme sérieux trouva les conflits du milieu du 20e siècle très confus. Il consulta plusieurs personnes, cherchant un moyen de résoudre en lui-même les discordes qui le troublaient, mais il resta troublé.

Une nuit dans un café, un Maître Zen auto-proclamé lui dit : « *va au manoir délabré que tu trouveras à l'adresse que je viens d'écrire pour toi. Ne parle pas à ceux qui y demeurent ; tu dois rester silencieux jusqu'à ce que la lune se lève demain soir. Va dans la grande pièce, à droite du couloir principal, assieds-toi dans la position du lotus sur le tas de décombres dans le coin nord-est, fais face au coin, et médite.* »

Il fit exactement ce que le Maître Zen lui dit. Sa méditation était souvent interrompue par des soucis. Il s'inquiétait de savoir si le reste des appareils de plomberie tomberait du deuxième étage pour rejoindre les tuyaux et autres débris sur lesquels il était assis, ou non. Il s'inquiétait de savoir comment savoir quand la lune se lèverait la nuit suivante. Il se souciait de savoir ce que les personnes qui avaient marché à travers la pièce avaient dit à propos de lui.

Ses soucis et sa méditation furent dérangés lorsque, comme pour tester sa foi, des débris tombèrent du deuxième étage juste sur lui. À ce moment deux personnes entraient dans la pièce. Le premier demanda au second qui était l'homme qui était assis là-bas. Le second répondit « *Certains disent que c'est un homme saint. D'autres disent que c'est un con.* »

Entendant cela, l'homme fut illuminé.

Télégramme

À : Jéhovah
LIEU : Hôtel Céleste (Suite 666)

Cher Dieu,
Par la présente nous Vous informons qu'il
est mis un terme à votre position actuelle
de divinité suite à une incompétence crasse
STOP
Votre chèque suivra par la poste STOP
Merci de ne pas me citer dans vos
références STOP
Avec tout mon respect. STOP
Malaclypse le Jeune, Polypère
Omnibienveillant,
Grand Prêtre POEE.

- LA NAISSANCE DU MOUVEMENT ERISIEN -

> *10. La Terre tremble et les paradis s'entrechoquent; les bêtes de la nature s'assemblent ensemble et les nations des hommes s'assemblent seules; les volcans dégagent de la chaleur dans les airs alors qu'ailleurs l'eau devient glace et fond; et puis d'autres jours il ne fait que pleuvoir.*

LA RÉVÉLATION

11. En effet, plusieurs choses viennent à passer. - HBT; Le Livre des Prédictions, Chap. 19

Juste avant la décennie des années soixante, alors que le Spoutnik était encore neuf et solitaire, et lorsque Ken Kesey fit son premier trip d'acide en tant que volontaire médical ; avant les journaux clandestins, le Vietnam, et les rumeurs d'une seconde Révolution Américaine ; dans la relative tranquillité de la fin des années cinquante, juste avant que l'idée d'une RENAISSANCE devienne pertinente...

Deux jeunes Californiens, connus plus tard sous les noms d'Omar Ravenhurst et Malaclypse le Jeune, s'adonnaient à leur passe temps favori : prendre un café dans un centre de bowling 24/24 en résolvant généralement les problèmes du monde. Ce soir-là le sujet de discussion principal était la discorde et ils se plaignaient l'un l'autre de la confusion qu'ils ressentaient dans leur vie respective. « *Résous le problème de la discorde,* » dit l'un d'eux, « *et tous les autres problèmes disparaîtront.* » « *En effet,* » dit l'autre, « *le chaos et la contestation sont les racines de toute confusion.* »

D'ABORD JE DOIS VOUS SAUPOUDRER
DE POUSSIERE DE FEE

Soudain l'endroit se dénua de lumière. Puis un silence complet les enveloppa, et ils ressentirent une profonde tranquillité. Puis vint un éclair aveuglant d'intense lumière, comme si leurs propres psychés étaient devenues novae. Puis leur vision revint.

Ils étaient tous deux stupéfaits et aucun ne bougea ni ne parla durant plusieurs minutes. Ils regardèrent autour d'eux et virent que les joueurs de bowling étaient figés comme des statues dans une variété de positions comiques, et qu'une boule était fermement ancrée au plancher à quelques centimètres seulement des quilles qu'elle allait percuter. Les deux se regardèrent, totalement incapables d'expliquer le phénomène.

La situation en était figée, et l'un des deux remarqua que l'horloge s'était arrêtée.

NOUVELLE HISTOIRE DU CHAOS

Un chimpanzé fit son entrée dans la pièce, le museau gris et poilu, pleinement dressé de ses cinq pieds de haut, et fort de sa majesté naturelle. Il transportait un parchemin et marcha vers les jeunes hommes.

« Messieurs, » dit-il, « pourquoi la Lune de Pickering tourne-t-elle à l'envers? Messieurs, vous avez des mamelons sur votre poitrine; donnez-vous du lait? Et que faire, veuillez me dire, Messieurs, de la Loi d'Heisenberg? » Il fit une pause. « QUELQU'UN DOIT BIEN AVOIR INTRODUIT TOUTE CETTE CONFUSION ICI ! »

À cet instant il déroula son parchemin. C'était un diagramme, semblable à un yin-yang avec un pentagone d'un côté et une pomme de l'autre. Ensuite il explosa et les deux perdirent connaissance.

ÉRIS – DÉESSE DU CHAOS, DE LA DISCORDE & DE LA CONFUSION

Ils se réveillèrent au son du fracas des quilles, et trouvèrent les joueurs engagés dans leur jeu et la serveuse occupée à faire du café. Il était évident que leur expérience avait été privée.

Ils discutèrent de leur étrange rencontre et retracèrent de mémoire le diagramme du chimpanzé. Pendant les cinq jours suivants, ils fouillèrent les bibliothèques pour trouver sa signification, mais furent déçus de ne découvrir que des références au Taoïsme, au drapeau coréen, et à la Technocratie. Ce n'est que lorsqu'ils trouvèrent les écrits grecs sur la pomme qu'ils découvrirent l'ancienne Déesse connue des Grecs sous le nom d'ÉRIS et des Romains sous le nom de DISCORDIA. Ceci arriva la cinquième nuit, et quand ils dormirent cette nuit-là chacun d'eux fit le rêve vif d'une femme splendide qui avait les yeux aussi doux que des plumes et aussi profonds que l'éternité elle-même, et dont le corps était la danse spectaculaire des atomes et des univers. Des explosions d'énergie pure formaient ses cheveux flottants, et des arcs-en-ciel se manifestaient et se dissolvaient alors qu'elle parla d'une voix chaude et douce:

Je suis venue pour vous dire que vous êtes libres. Il y a une éternité, Ma conscience délaissa l'homme, afin qu'il puisse se développer lui-même. Je reviens en trouvant ce développement approchant son achèvement, mais entravé par la peur et le malentendu.

Vous vous êtes construit des armures psychiques, et les avez revêtis, votre vision est restreinte, vos mouvements sont maladroits et douloureux, votre peau est meurtrie, et votre esprit est grillé par le soleil.

Je suis le chaos. Je suis la substance avec laquelle vos artistes et scientifiques construisent des rythmes. Je suis l'esprit avec lequel vos enfants et clowns rient dans une anarchie heureuse. Je suis le chaos. Je suis vivante, et je vous dis que vous êtes libres.

Durant les mois suivants ils étudièrent philosophies et théologies, et apprirent qu'ÉRIS ou DISCORDIA était tout d'abord crainte par les anciens comme étant perturbatrice. En effet, le concept même de chaos était toujours considéré équivalent au conflit et traité comme quelque chose de négatif. « *Pas surprenant que les choses soient mal foutues,* » conclurent-ils, « *ils ont tout compris à l'envers.* »

Ils trouvèrent que le principe de désordre était tout aussi significatif que le principe d'ordre. Avec ceci en tête, ils étudièrent l'étrange yin-yang. Pendant une méditation un après-midi, une voix vint à eux:

Ceci est appelé le CHAO SACRÉ. Je vous désigne Ses Gardiens. En cela vous trouverez tout ce que vous voulez. Parlez de Moi comme étant DISCORDE, pour montrer le contraste avec le pentagone. Dites à l'humanité qu'il n'y a pas de règles, sauf s'ils choisissent d'inventer des règles. Gardez à l'esprit les mots de Syadasti : C'EST UN VENT FOU QUI NE SOUFFLE D'AUCUN ESPRIT. Et souvenez-vous qu'il n'y a pas de tyrannie dans l'État de la Confusion. Pour plus d'information, veuillez consulter votre glande pinéale.

Il y a des vérités triviales & des grandes vérités. L'opposé d'une vérité triviale c'est l'erreur. L'opposé d'une grande vérité est toujours la vérité.
Neils Bohr.

J'entends de la musique !

00009

« *Qu'est que c'est que ca ?* » marmonna l'un à l'autre, « *Une religion basée sur La Déesse de la Confusion ? C'est de la pure folie !* »

Et à ces mots, ils se regardèrent l'un l'autre dans une crainte absolue. Omar commença à rigoler. Mal commença à rire. Omar commença à sauter un peu partout. Mal hurlait et braillait à tue-tête. Et au milieu de ces cris joyeux et couverts de larmes sur leurs joues, ils se désignèrent l'un l'autre grand prêtre de sa propre folie, et ensemble ils se déclarèrent comme faisant partie de la société de Discordia, peu importe ce que cela pourrait être.

MOMOMOTO, CÉLÈBRE JAPONAIS QUI POUVAIT AVALER SON NEZ.

« Saviez-vous que des millions sont planqués dans la maison d'à côté ? »
« Mais… Il n'y a pas de maison à côté »
« Non ? Et bien allons en construire une dans ce cas ».
MARX.

SUPPORTEZ VOTRE POLICE LOCALE

L'HYMNE DE BATAILLE DE L'ÉRISTOCRATIE
par Lord Omar

COUPLET
Mon cerveau à moi a médité sur l'affolement du Chao; Il est en vol au-d'ssus d'la table où les Chefs
d'État-major sont maintenant
Rassemblés en discussion sur le largage de la Bombe; Son Corps d'Élite de la Pomme est puissant!

REFRAIN
Grandiose (et sanglante) Vieille Discordja! Grandiose (et sanglante) Vieille Discordja! Grandiose (et sanglante) Vieille Discordja! Son Corps d'Élite de la Pomme est puissant!

COUPLET
Elle n'a pas été invitée à la fête qu'ils tenaient au Sommet des Limbes*;
Alors Elle lança une Pomme d'Or, au lieu de tendre l'autre joue!
Ô elle brisa le Saint Bol à Punch et fit le nectar couler;
Son Corps d'Élite de la Pomme est puissant!

*Sommet des Limbes se réfère au Vieux Sommet des Limbes communément appelé « Vieux Somm' des Limbes » par les Grecs

> « Le vent tourne... l'ennemi subit des pertes terribles... »
> **Gen.Geo.A.Custer**

Gens en Position de Savoir, Inc.

À PROPOS DE LA PRIERE

Mal-2 se vit une fois questionné par un de ses disciples s'il priait souvent Éris. Il répliqua avec ces mots :

Non, nous Érisiens prions rarement, c'est beaucoup trop dangereux. Charles Fort a listé plusieurs incidents véridiques impliquant des gens ignorants confrontés avec, disons, une sécheresse, et qui ensuite prièrent avec ferveur - il s'en suivit que le village entier fut balayé par une inondation torrentielle.

« BIEN SUR QUE JE SUIS FOU, MAIS CELA NE
SIGNIFIE PAS QUE J'AI TORT.
JE SUIS ALIENE MAIS PAS MALADE. »
(Werewolf Bridge, Robert Anton Wilson)

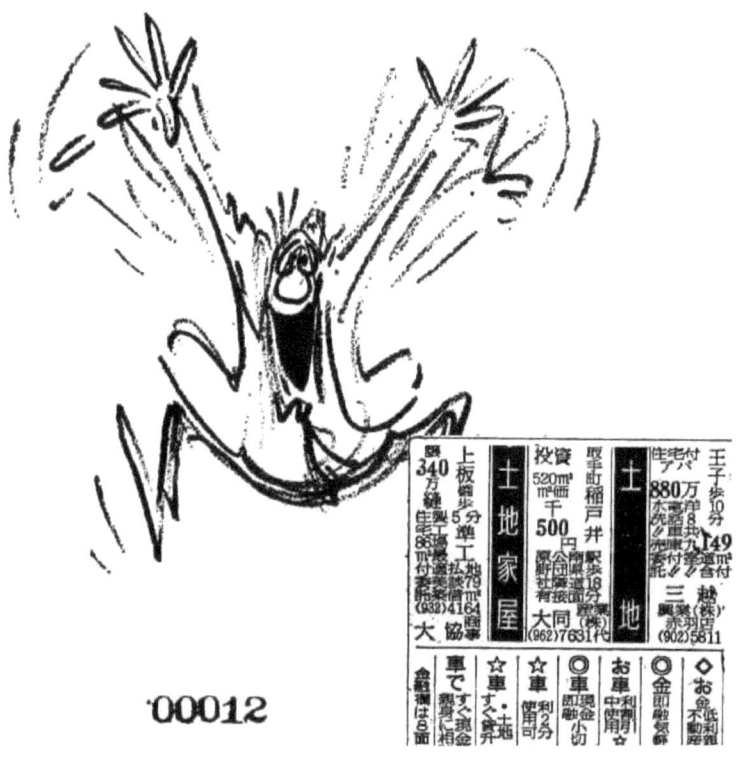

14. Essuie ton cul avec ce qui est écrit et souris comme un niais à ce qui est Dit. Prends ton refuge avec ton vin dans le Rien derrière Tout, alors que tu te précipites le long du Chemin.
-LE SAGE VIOLET HBT; Le livre des Prédictions, Chap. 19

C'EST MON INTIME CONVICTION QUE C'EST UNE ERREUR QUE D'AVOIR DES CROYANCES FERMES.

Le paradis est en bas. L'enfer est en haut.
Ceci est prouvé par le fait que
les planètes et les étoiles
sont ordonnées dans leurs mouvements,
alors qu'en bas sur terre
nous nous approchons du
chaos primordial.
Il y a quatre autres preuves,
mais je les ai oubliées.

- Josh l'Aneth
CABALE KING KONG

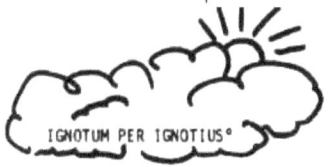

* La signification de ceci est inconnue

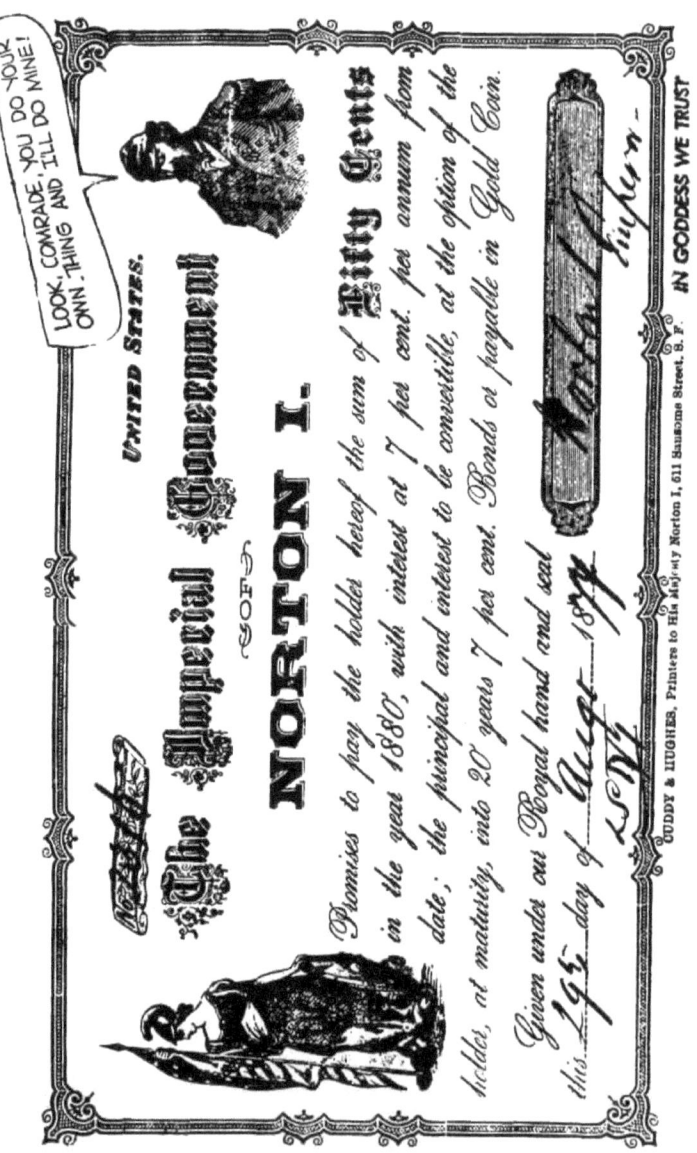

SECURITY LAST INTERGALACTIC
BANK OF MALACLYPSE
ENDORSED AND GUARANTEED

Les Grecs Classiques n'ont pas été influencés par les Grecs Classiques.

NE PAS FAIRE CIRCULER

CE QUE NOUS SAVONS A PROPOS D'ÉRIS (pas grand chose)

Les Romains ont laissé un portrait d'Elle pour la postérité – Elle était représentée comme une femme grotesque avec un regard pâle et affreux, Ses yeux en feu, Ses vêtements déchirés en lambeaux, et comme dissimulant une dague en Sa Poitrine. En fait, la plupart des femmes ont l'air pâle et affreux lorsqu'elles dissimulent une dague glacée entre leurs seins.

Sa généalogie vient des Grecs et est absolument confuse. Soit Elle était la jumelle d'Ares et la fille de Zeus et Hera ; ou Elle était la fille de Nyx, déesse de la nuit (qui était soit la fille ou la femme de Chaos, ou les deux), et le frère de Nyx, Erebus, dont les frères et sœurs incluent Mort, Destin, Moquerie, et Amitié. Et qu'elle a engendré Oubli, Querelles, Mensonges, et un groupe de dieux et déesses de ce genre.

Un jour Mal-2 consulta sa Glande Pinéale* et demanda à Éris si Elle avait vraiment créé toutes ces choses terribles. Elle lui a dit qu'Elle avait toujours aimé les Vieux Grecs, mais que l'on ne peut s'y fier pour ce qui est des affaires historiques. « *Ils étaient* », ajouta-t-Elle, « *victimes d'indigestion, tu sais.* »

Il suffit de dire qu'Éris n'est pas odieuse ou malicieuse. Mais Elle est espiègle, et peut être un peu salope parfois.

* LA GLANDE PINÉALE est l'endroit où chacun de nous peut parler à Éris. Si vous avez des troubles à activer votre Pinéale, alors essayez l'appendice ce qui fonctionne presque aussi bien. Référence : DOGME I, MÉTAPHYSIQUES #3, « L'Endoctrine de la Glande Pinéale »

DIRUIT AEDIFICAT MUTAT QUADRATA ROTUNDUS
Horace.

LES DESSOUS DE L'HISTOIRE !

LA LOI DES CINQ

La Loi des Cinq est un des plus vieux Mystères Érisiens. Il a tout d'abord été révélé au Bon Lord Omar et est une des grandes contributions provenant du Temple Caché du Jésus Heureux.

POEE souscrit à la Loi des Cinq de la secte d'Omar. Et POEE reconnaît aussi le saint 23 (2+3=5) qui est incorporé par Épiskopos Dr. Mordecai Malignatus, KNS, à sa secte Discordienne, Les Anciens Prophètes Illuminés de la Bavière.

La Loi des Cinq établit simplement que :
TOUTES LES CHOSES ARRIVENT PAR CINQ,
OU SONT DIVISIBLES PAR
OU SONT DES MULTIPLES DE CINQ,
OU SONT D'UNE MANIERE OU D'UNE AUTRE
DIRECTEMENT OU INDIRECTEMENT
RELIÉES À 5.

La Loi des Cinq n'est jamais fausse.

Dans les Archives Érisiennes se trouve un vieux mémo d'Omar à Mal-2 : « *Plus j'observe et plus je trouve la Loi des Cinq de plus en plus manifeste.* »

Les Nagas de la Haute Birmanie disent que le soleil brille le jour parce que, étant une femme, elle a peur de se risquer à l'extérieur la nuit.

« VOUS DECOUVRIREZ que l'ÉTAT est le genre d'ORGANISATION qui, quoiqu'il fasse les grandes choses de la mauvaise manière, fait tout aussi mal les petites. »
John Kenneth Galbraith

LE MYTHE DE LA POMME DE LA DISCORDE

Il semble que Zeus était en train de préparer un banquet de mariage pour Peleus et Thetis et qu'il ne voulait pas inviter Éris à cause de sa réputation de fauteuse de trouble.*

Ceci mit Éris en colère, et ainsi Elle façonna une pomme d'or pur** et y inscrivit KALLISTI (« *À La Plus Belle* ») et le jour de la fête Elle la fit rouler dans la salle du banquet et ensuite partit pour être seule et déguster joyeusement un hot-dog. Alors, des trois déesses invitées, *** Athéna, Héra, et Aphrodite, chacune la réclama à cause de l'inscription qui y était gravée. Et elles commencèrent à se battre, et elles commencèrent à lancer du punch partout dans la place et tout.

Finalement Zeus calma les esprits et déclara qu'un arbitre devait être choisi, ce qui était une suggestion raisonnable, et tous approuvèrent. Ils les envoyèrent à un berger de Troie, dont le nom était Paris parce que sa mère avait eu beaucoup de Gaulois et avait épousé un Français; mais chacune des déesses sournoises essaya de se montrer plus maline que les autres en partant tôt et en offrant un pot-de-vin à Paris.

Athéna lui offrit des Victoires de Guerre Héroïques, Hera lui offrit une Santé Formidable, et Aphrodite lui offrit la Plus Belle Femme sur Terre. Étant un jeune Troyen en bonne santé, Paris accepta sur-le-champ le cadeau d'Aphrodite et elle reçut la pomme et il s'envoya en l'air.

Comme elle l'avait promis, elle manœuvra les événements terrestres afin que Paris puisse avoir Hélène (LA Hélène) qui vivait alors avec son mari Menelaus, Roi de Sparte.

En tout cas, tout le monde sait que la Guerre de Troie fut déclenchée lorsque Sparte demanda à ravoir sa Reine et que la Guerre de Troie est dite être La Première Guerre entre les hommes.

Ainsi donc nous souffrons à cause de l'Affront Originel. Et ainsi donc un Discordien ne doit pas déguster de Pain à Hot-Dog.

Vous croyez cela ?

* Ceci est appelé LA DOCTRINE DE L'AFFRONT ORIGINEL
** Il y a un désaccord historique à savoir si la pomme était faite d'or métallique ou d'acapulco gold.
*** En fait il y avait cinq déesses, mais les Grecs ignoraient la Loi des Cinqs.

> **N'Oubliez Pas : KING KONG Est Mort Pour Vos Péchés**

5. Une ère de Confusion, ou une ère Ancienne, est une ère dans laquelle l'Histoire Telle Que Nous La Connaissons commence à se révéler, dans laquelle Quoi Qu'il Advienne émerge dans une Forme Corporelle, plus ou moins, et ces temps sont l'ère du Débalancement Balancé, ou du Balancement Débalancé.
6. Une ère de Bureaucratie est une ère Impériale dans laquelle les Choses Mûrissent, dans laquelle la Confusion devient retranchée et durant laquelle le Balancement Balancé, ou la Stagnation, est atteinte.
7. Une ère de Désordre ou une Après-ère est une Période Apocalyptique de Transition de retour au Chaos à travers l'Écran de l'Oubli dans laquelle l'ère passe, finalement. Ceux-ci sont les temps du Débalancement Débalancé.
HBT; Le Livre de l'Utérus, Chap. 3

HO CHI ZEN EST KING KONG

VOUS SOUVENEZ-VOUS ?

1. Les enfants polis se souviendront toujours qu'une église est la _____ de _____ .

00019

UN HYMNE ERISIEN
par Rev. Dr. Mungojerry Grindlebone, KOB
Episkopos,
LES PANTHERES DE LA POMME DE RAYVILLE

En avant Soldats Chrétiens,
En avant Prêtres Bouddhistes,
En avant, Fruits de l'Islam,
Battez-vous jusqu'à la mort.
Combattez vos petites batailles.
Joignez la plus épaisse mêlée;
Pour la Plus Grande Gloire,
de Dis-cord-i-a. Yah, yah, yah,
Yah, yah, yah, yah. Blfffffffffffffft!

MR. Momomoto, Japonais Celebre QUI peut avaler son nez! DEMASQUÉ a été IL A ETE REVELE RECEMMENT QUE C'ETAIT LE FRERE DE MR MOMOMOTO QUI FAISAIT TOUT CET AVALAGE DE NEZ

Abbaye des Reliques Barbares.

```
PROCLAMATION OFFICIELLE
ODD# III(b)/4.i;18Aft3135
```

MATRICE DÉSORGANISATIONNELLE POEE

V) LA MAISON DES APOTRES D'ERIS
Pour l'Éristocratie et la Cabalablia

A. Les Cinq Apôtres d'Éris
B. Le Corps de la Pomme d'Or (KSC)
C. Les Épiskopos de la Société Discordienne
D. Les Prêtres des Cabales POEE
E. Les Saints, les Avatars Érisiens, et Personnages de ce Genre

IV) LA MAISON DU PODGE LEVANT Pour les Disciples de Discordia

A. Bureau de Sa Révérence, Le Polypatriarche
B. Conseil des Prêtres POEE
C. La LÉGION DE LA DISCORDE DYNAMIQUE D. Avatars Éristiques
E. Avatars Anéristiques

III) LA MAISON DU HODGE LEVANT Pour la Bureaucratie

A. Le Bureau des Archives Érisiennes
B. Le Bureau de l'Épistolaire POEE, et la Division des Dogmes
C. Le Bureau des Symboles, Emblèmes, Certificats et Autres Choses de ce Genre
D. Le Bureau des Affaires Éristiques, et l'Administration pour la Horde Éristique Peu Éclairée
E. Le Bureau des Affaires Anéristiques, et l'Administration pour les Ordres de Discordia

II) LA MAISON DE L'ECROULEMENT LEVANT
Pour l'Encouragement de la Libération de la Liberté, et/ou le Découragement de l'Immanentisation de l'Eschaton

A. La Brise de la Sagesse   et/ou Le Vent de l'Insanité
B. La Brise de l'Intégrité   et/ou Le Vent de l'Arrogance
C. La Brise de la Beauté   et/ou Le Vent des Outrages
D. La Brise de l'Amour   et/ou Le Vent de l'Emphase
E. La Brise du Rire   et/ou Le Vent de la Foutaise

I) LA MAISON EXTERNE Pour ce qu'il reste

A. Avatars Variés
B. La Cinquième Colonne
C. =PAPES= POEE partout
D. Tiroir « H » pour HORS FICHIER
E. Documents Perdus et Vérités Oubliées

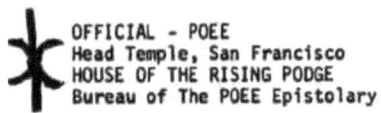

OFFICIAL - POEE
Head Temple, San Francisco
HOUSE OF THE RISING PODGE
Bureau of The POEE Epistolary

= LA MAIN À CINQ DOIGTS D'ÉRIS =

Le symbole officiel du POEE est ici illustré. Ca peut être ceci, ou n'importe quel emblème similaire représentant DEUX FLÈCHES OPPOSÉES CONVERGEANT EN UN POINT COMMUN. Il peut être vertical, horizontal, ou autrement, et il peut être élaboré ou simplifié tel que désiré.

Le nom ésotérique pour ce symbole est LA MAIN À CINQ DOIGTS D'ÉRIS, communément abrégé par LA MAIN.

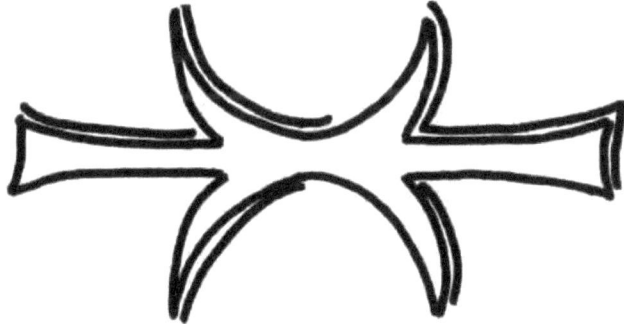

NOTE : *Dans le savoir de la magie occidentale, le* ⌣ *est utilisé pour symboliser les cornes, spécialement les cornes de Satan ou celles de bêtes diaboliques. La Main À Cinq Doigts d'Éris, par contre, n'a pas l'intention d'être considérée comme étant satanique, puisque les « cornes » sont supportées par un autre ensemble, de « cornes » inversées. Ou peut-être est-ce des défenses de morse. Je ne sais pas ce que c'est, en vérité.*

« Le surréalisme vise à la transformation totale de l'esprit et de tout ce qui lui ressemble. »
-Breton

POEE (prononcé « POEE ») est un acronyme pour Le PARATHEO- ANAMETAMYSTIKHOOD OF ERIS ESOTERIC. La première partie peut être interprétée comme signifiant « *déité équivalente, réversité au-delà du mystique.* » Nous ne sommes pas vraiment ésotériques, c'est seulement que personne ne fait vraiment attention à nous.

SA GRANDE RÉVÉRENCE MALACLYPSE LE JEUNE, AB, DD, KSC, est le Grand Prêtre de POEE, et POEE est fondé sur les révélations épiskopotiques de La Déesse. Il est appelé L'Omnibienveillant Polypatriarche de la Virginité en Or.

Le TEMPLE-CHEF POEE est la Cabale Josuah Norton de La Société Discordienne, lequel est localisé dans la glande pinéale de Mal-2 et peut être trouvé en localisant spatio-temporellement le reste de Mal-2.

POEE n'a pas de trésors, pas d'arrêtés municipaux, pas d'articles, pas de guides sauf la glande pinéale de Mal-2, et n'a qu'un seul scrupule – lequel est gardé par Mal-2 sur son porte-clés.

POEE n'est pas enregistré, incorporé, ou autrement franchisé avec l'État, et ainsi l'État ne reconnaît pas POEE ou les Ordinations POEE, ce qui n'est que très juste, parce que POEE ne reconnaît pas l'État.

POEE a 5 DEGRÉS :

Il y a le néophyte, ou DISCIPLE LÉGIONNAIRE.
Le DIACRE LÉGIONNAIRE, qui est en train de piger.
Un PRÊTRE/PRÊTRESSE POEE Ordonné ou un AUMÔNIER. Le GRAND PRÊTRE, le Polypatriarche.
Et le =PAPE= POEE.

Les DISCIPLES LÉGIONNAIRES POEE sont autorisés à initier les autres en tant que Légionnaires de la Société Discordienne. Les PRÊTRES désignent leur propres DIACRES. Le POLYPATRIARCHE ordonne les prêtres. Je ne sais pas pour ce qui est des =PAPES=.

*CE LIVRE EST UN MIROIR. QUAND UN SINGE REGARDE À L'INTÉRIEUR, AUCUN MAÎTRE NE REGARDE À L'EXTÉRIEUR. -LILATEMPÈRES

FORMULAIRE D'INSCRIPTION
1 Au Mouvement Eristen de la SOCIÉTÉ DISCORDIENNE

1.   Date d'aujourd'hui   Date d'hier

2.   But de l'application : -adhésion à : a. La Légion de la Discorde Dynamique b. POEE   c. L'Illuminati Bavarois   d. Tous les Choix Ci-dessus   e. Aucun des Choix Ci-dessus   f. Autre -- SOYEZ SPÉCIFIQUE!

3.   Nom   Nom Saint

4.   Description :   Né :   Oui   Non   Yeux :   2 Autre   Taille :   Oz. fl. Dernière fois que vous êtes allés chez le coiffeur :   Raison :   Race :   Cheval Humain   Q.I. :   150-200   200-250   250-300   300 et plus

5.   Histoire : Éducation : Année d'études complétées : 1 2 3 4 5 6 plus que 6
Professionnel : Sur une autre rame de papier faites la liste de tous les emplois dont vous avez été renvoyés depuis 1937.
Médical : Sur une feuille à part étiquetée "confidentielle" faites la liste de tous les instants psychiques psychotiques majeurs expérimentés lors des dernières 24 heures.

6.   Questions sournoises afin d'établir les traits de la personnalité :
Je préférerais: a. vivre dans un bâtiment extérieur. b. jouer dans un groupe rock. c. manger des chenilles. Je porte des tattoos obscènes parce que.............. J'ai cessé de violer des petits enfants :   Oui   Non
-raison : ...

5.   Auto-portrait.

LÉCHEZ ICI
(Vous pourriez être l'un des 25 chanceux)

Rev. Mungo
À l'usage du bureau seulement -   acc.   rej.
Burned

POEE & Ses Prêtres

Si vous aimez l'Érisianisme tel qu'il est présenté selon Mal-2, alors vous souhaitez peut-être former votre propre CABALE POEE en tant que PRÊTRE POEE et vous pourriez aller faire tout un tas de trucs Sacerdocaux POEE. Une "Cabale POEE" est exactement ce que vous pensez que c'est.

Le Grand Prêtre ne fait aucune demande à ses Prêtres, quoiqu'il s'attend à de la bienveillance de leur part. L'Office du Polypatriarche est d'orienter, non d'enseigner. De temps à autre, il écoute même.

Si vous deviez trouver que vos propres révélations deviennent substantiellement différentes des révélations de Mal-2, alors peut-être que la Déesse a des projets pour vous en tant qu'Épiskopos, et vous pourriez envisager de créer votre propre secte à partir de zéro, sans être dérangé. Les Épiskopos ne sont pas en compétition entre eux, et ce sont tous des prêtres POEE de toute façon (aussitôt que je les aurai localisés). Le fait est que les Épiskopos développent des chemins différents vers le sommet de la montagne Érisienne. Voir la section « Société Discordienne ».

L'ORDINATION EN TANT QUE PRÊTRE POEE

Il n'y a pas de qualifications particulières pour l'Ordination parce que si vous voulez être un Prêtre POEE alors vous êtes qualifié. Qui pourrait savoir mieux que vous si vous devriez ou non être Ordonné ?

Une PRÊTRESSE ou un PRÊTRE POEE ORDONNÉ est défini comme « *celui qui détient un Certificat d'Ordination de Bureau du Polypatriarche.* »

> *Recherche dans le Chao si tu serais sage*
> *Et trouve ton délice dans Sa Grande*
> *Surprise! Regarde dans le Chao si tu*
> *veux savoir*
> *Ce qu'il y a dans un Chao et pourquoi ce*
> *n'est pas ainsi!*
> *(HBT; Le Livre du Conseil, 1:1)*

Le Conseil Mondial des Boutiques d'Église

NOTE AUX PRÊTRES POEE:

Le Polypatriarche aimerait rappeler à tous les Érisiens que POEE n'a pas été conçu comme une entreprise commerciale, et que vous êtes requis de garder votre calme lorsque vous recherchez des fonds pour les Cabales POEE ou lorsque vous annoncez la bonne parole POEE via la place du marché.

La pierre Cachée murit rapidement, couchée ensuite nue comme un navet, peut finalement facilement être coupée mais même a ce moment le danger n'est pas passé.
Vit au mieux l'Homme qui vit volontiers a moitié fou, a moitié sain.
  - Poète Flamand Jan Van Stijevoort, 1524.

L'AFFIRMATION ERISIENNE

DEVANT LA DÉESSE ÉRIS, JE (nom ou nom saint), me déclare ici présent FRERE POEE de LA LÉGION DE LA DISCORDE DYNAMIQUE.
HAIL HAIL HAIL HAIL HAIL ÉRIS ÉRIS ÉRIS ÉRIS ÉRIS ALL HAIL DISCORDIA!

Le Préposé POEE en train de présider (s'il y a lieu) répond:

ALL HAIL DISCORDIA! **NE PAS TÉLÉPHONER**

00026
TROUVE LE DÉESSE ÉRIS DANS TA GLANDE PINÉALE

Vers divers dieux
Les humains se courbent :
Sainte vache et Pan Chao.
  - Rev. Dr. Grindlebone Monroe Cabale.

« LE BON SENS EST CE QUI NOUS DIT QUE LE MONDE EST PLAT »

Ça c'est St. Gulik. C'est un messager de la Déesse. Une époque différente l'appelait Hermes. De nombreuses personnes l'appellent de nombreuses façons. C'est un cafard

01

Légions de la Discorde Dynamique

HARK !

Reconnaissez que la – Société Distorbienne – certifie solennellement ici que

Est un Légionnaire

GLOIRE AUX ENFANTS d'ÉRIS !
Sous les auspices de Notre Dame de la Discorde, ÉRIS, par la Maison des Apôtres d'Éris.

LICENCE GENERALE

COMMENT FORMER UNE CABALE POEE SANS SE FROTTER AVEC LE POLYPATRIARCHE

Si vous ne pouvez trouver le Polypatriarche, ou l'ayant trouvé, ne voulez rien savoir de lui, vous êtes tout de même autorisé à former votre propre CABALE POEE et à faire des Trucs de Prêtre, utilisant le *Principia Discordia* comme un guide. Votre Rang Officiel sera AUMÔNIER POEE pour la LÉGION DE LA DISCORDE DYNAMIQUE, ce qui est exactement la même chose qu'un PRÊTRE POEE excepté que vous n'avez pas un Certificat d'Ordination. Les mots que vous lisez présentement sont votre ordination.

COMMENT DEVENIR AUMÔNIER POEE

1. Écrivez l'AFFIRMATION ÉRISIENNE en cinq copies.
2. Signez et apposez votre empreinte nasale sur chaque copie.
3. Envoyez-en une au Président des États-Unis.
4. Envoyez-en une au :
Bureau Californien des Meubles et de la Literie
1021 'D' Street, Sacramento CA 94814
5. Clouez-en une à un poteau téléphonique. Cachez-en une. Brûlez l'autre.
Consultez ensuite votre glande pinéale.

La Licence Générale était le précepte de SERGENT PEPER.

--VIEUX SLOGAN POEE
LORSQUE TU DOUTES, NIQUES ÇA! LORSQUE TU NE DOUTES PAS,... DOUTES!

Trip 5

= LE RITE BAPTISTAIRE POEE =

Ce Rite Mystérieux n'est pas requis pour l'initiation, mais il est offert par plusieurs Prêtres POEE aux prosélytes qui désirent une cérémonie formelle.

1) Le prêtre et quatre Frères sont disposés dans un pentagone avec l'Initié au centre faisant face aux Prêtres. Si possible, les Frères immédiatement à la droite et à la gauche du Prêtre devraient être des Diacres. L'Initié doit être totalement nu, pour démontrer qu'il est vraiment un être humain et non pas autre chose déguisé, comme un chou ou quelque chose comme ça.

2) Toutes les personnes de l'audience et dans le pentagone, excepté le Prêtre, prennent une position accroupie et reviennent à une position debout. Ceci est répété quatre autres fois. Cette danse est symbolique de notre humilité à nous Érisiens.

3) Le Prêtre commence :

Je, (Nom Saint complet, avec Titres Mystiques, et les degrés, désignations, fonctions, etc.), Prêtre Ordonné de la Parathéo-anametamystikhood de Éris Ésotérique, avec l'Autorité qui m'est investie par le Grand Prêtre, Bureau du Polypatriarche, La Maison du Podge Levant, Temple Chef POEE; Exige par la présente de Toi :

1) ES-TU UN ÊTRE HUMAIN ET NON UN CHOU OU QUELQUE CHOSE COMME CA ?
L'Initié répond OUI.

2) C'EST DOMMAGE. SOUHAITES-TU AMÉLIORER TA CONDITION ?
L'Initié répond OUI.

3) COMME C'EST STUPIDE. DÉSIRES-TU DEVENIR ILLUMINÉ PHILOSOPHIQUEMENT ?
L'Initié répond OUI.

4) TROP AMUSANT. TE DÉDIERAS-TU AU MOUVEMENT ÉRISIEN?
L'Initié répond PROBABLEMENT.

5) ALORS JURE CE QUI SUIT APRÈS MOI:
(Le Prêtre mène ici l'Initié dans un récital de l'AFFIRMATION ÉRISIENNE.) Le Prêtre continue : ALORS JE TE PROCLAME ICI DISCIPLE POEE (nom), LÉGIONNARE DE LA LÉGION DE LA DISCORDE DYNAMIQUE. HAIL ÉRIS! HAIL HAIL! HAIL OUI!

6) Tous ceux qui sont présents se réjouissent grandement. Le nouveau Frère ouvre un grand pichet de vin et en offre à tous ceux qui sont présents.

7) La Cérémonie dégénère généralement.

MORD DIT QU'OMAR DIT QUE NOUS SOMMES TOUS DES LICORNES DE TOUTE FAÇON

00030

3. Et bien qu'Omar ait ordonné à l'éboueur, en des mots qui étaient à la fois doux et amers, de rendre la boîte de cigares contenant les cartes désignées par l'Ange comme étant Le Livre Honnête de la Vérité, l'éboueur réagit comme frappé par la surdité, disant seulement : « C'est contre le règlement, t'sais. »
HBT; Le Livre des Explications, Chap. 2

REPONSES :
1. Harry Houdini
2. La musique swing
3. Bretzels
4. 8 mois
5. Cullbert l'irritable
6. Ca protude
7. Pas de cordes vocales

REJETTE

LE SERMENT POEE
MYSTERIEUX

L'initié jure ce qui suit:
MERDE DE BÉBÉ VOLANTE !!!!!

(Les Frères de la secte des Anciens Prophètes Illuminés de la Bavière peuvent souhaiter y substituer l'allemand: FLIEGENDE KINDERSCHEISSE !
ou peut-être
WIECZNY KWIAT WTADZA!!!!!
(ce qui est Ewige Blumenkraft en polonais.)

la révélation récente affirmant que M. Momomoto, le japonais célèbre qui peut avaler son nez ne peut avaler son nez mais que son frère le peut a été éventé. C'est Mr Momomoto qui peut avaler son nez il a avalé son frère lors de l'été 44.

Correction de la copie de la semaine dernière: Johnny Sample est quart de coin offensif pour les Jets de New York, et non quart-arrière comme stipulé. Le nom de Bobby Tolan n'est pas Randy, mais mud. Tout le pouvoir au peuple, et banissez la putain de bombe.

00031 « *Cette affirmation est fausse* »
(courtoisie de POEE)

LA SOCIETE DISCORDIENNE

La Société Discordienne n'a pas de définition.
Je pense parfois à elle comme étant une désorganisation d'Excentriques d'Éris. Elle a été appelée un théâtre de guérilla de l'esprit. Episkopos Randomfactor, Directeur de la secte de l'Épuration du Mouvement Souterrain de Notre Peuple, préfère « *La Meilleure Association de Quoi-que-ce- soit-que-nous-soyons du Monde.* » Dame Mal y pense comme étant un RESERVOIR DE PENSÉE DE LA RENAISSANCE. Fang le Non-Lavé, WKC, n'en dira rien. Vous pouvez en penser ce que vous voulez.

UN ÉPISKOPOS DE LA SOCIÉTÉ DISCORDIENNE est quelqu'un qui préfère l'autonomie totale, et crée sa propre secte Discordienne comme la Déesse le lui dit. Il parle pour lui-même et pour ceux qui disent qu'ils aiment ce qu'il dit.

LA LÉGION DE LA DISCORDE DYNAMIQUE:
Un Légionnaire de la Discorde Dynamique est quelqu'un qui préfère ne pas créer sa propre secte. Certains Épiskopos ont une cabale d'un seul homme. D'autres travaillent ensemble. D'autres n'expliquent jamais.

Si vous voulez entrer dans
la Société Discordienne
alors autoproclamez-vous ce que vous désirez
faites ce que vous voulez
et parlez-nous en ou si vous préférez ne le faites pas.
Il n'y a pas de règles nulle part.
La Déesse Prévaut.

> Quand j'arrive en bas je retourne au sommet du toboggan où je m'arrête et je tourne et retourne pour un tour, ensuite j'arrive en bas et je te vois à nouveau! Helter Skelter!
> — John Lennon

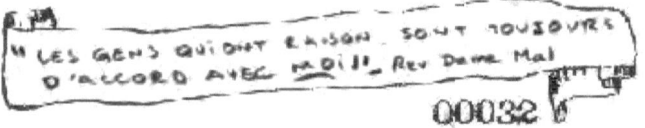

LE CORPS D'ELITE DE LA POMME DORÉE

Le Corps d'élite de la Pomme Dorée* est une position honorifique pour les Gardiens du Chao Sacré, afin qu'ils puissent mettre « KSC » après leurs noms.

Ca en dit peu,
fait encore moins,
signifie rien.

*À ne pas confondre avec The Apple Corps Ltée de ces quatre chanteurs. Nous y avons pensé les premiers.

LE SIGNE NUMÉRIQUE V :

Utilisé par les anciens discordiens romains, l'Illuminatus Churchill et par d'innocents hippies un peu partout dans le monde.

00033

CONVERTISSEUR DE DATE PERPÉTUEL DU CALENDRIER GRÉGORIEN AU CALENDRIER POEE

SAISONS

1) Chaos - Apôtre Patron Hung Mung
2) Discorde - Apôtre Patron Dr. Van Van Mojo
3) Confusion - Apôtre Patron Sri Syadasti
4) Bureaucratie - Apôtre Patron Zarathud
5) Les Suites - Apôtre Patron Malaclypse l'Aîné

JOURS DE LA SEMAINE*

1) Douxmat	*Les JOURS DE LA SEMAINE
2) Tempsboom	sont nommés à partir des cinq
3) Jouracre	Éléments de Base:
4) Piquant-Piquant	DOUX, BOOM, ÂCRE,
5) Orange Couchant	PIQUANT, et ORANGE.

FÊTES

A) FÊTES D'APÔTRES	B) FÊTES DE SAISONS
Mungday	Chaoflux
Mojoday	Discoflux
Syaday	Confuflux
Zaraday	Bureflux
Maladay	Afflux
Chacune se produit le 5e jour de la saison	*Chacune se produit le 50e jour de la saison*

C) JOUR DE LA ST-TIB - se produit une fois tous les 4 ans (1+4=5) et est insérée entre le 59e et le 60e jour de la Saison du Chaos

NOMS SAINTS

Les Discordiens ont une tradition concernant les NOMS SAINTS. Ceci n'est pas unique à l'Érisianisme, bien sûr. Je suppose que le Pape Paul est le fils de M. et Mme VI?

Les TITRES MYSTIQUES sont importants aussi

Celui qui a volé la pornographie du Frère Révérend Magoun pourrait-il la retourner SVP

POUR VOTRE ILLUMINATION

LA PARABOLE DU THÉ AMER

par Rev. Dr. Hypocrates Magoun, P.P. PRÊTRE POEE, Cabale Okinawa

    Lorsque Hypoc eut fini de méditer avec St. Gulik, il alla dans la cuisine où il s'occupa de préparer le festin, et dans son effort, il s'aperçut qu'il y avait du vieux thé dans une casserole laissée en place pendant la nuit précédente, il avait dans sa faiblesse oublié sa préparation et l'avait laissé tremper pendant 24 heures. Il était foncé et obscur mais l'intention d'Hypoc était d'utiliser ce vieux thé en le diluant avec de l'eau. Et encore une fois, dans sa faiblesse, il décida sans considération future et se lança dans le travail physique des préparations. C'est à ce moment, alors qu'il était profondément plongé dans le plaisir de son trip, qu'il eut une forte voix claire et soudaine dans sa tête lui disant « c'est le thé amer qui t'entortille ainsi. » Hypoc entendit la voix, mais la lutte à l'intérieur de lui s'intensifia, et la situation, établie précédemment par le travail physique et les messages musculaires coordonnés et unifiés ou peut- être codés, continua à exercer son influence et Hypoc succomba sous la pression et repoussa la voix.

    Et encore une fois il plongea dans l'orgie physique et compléta la tâche, et Lo comme la voix l'avait prédit, le thé était amer.

00037

« Les Cinq Lois ont leurs racines dans l'attention. »
Che Fung (Ezra Pound, Canto -85)

La Loi de l'Enfer dit que l'Enfer est réservé exclusivement à ceux qui y croient. De plus, le plus bas cercle de l'Enfer est réservé à ceux qui y croient par la supposition qu'ils iront là s'ils n'y vont pas.
HBT; L'évangile Selon Fred, 3:1

SERMON SUR L'ÉTHIQUE ET L'AMOUR

Un jour Mal-2 demanda à l'esprit messager Saint Gulik d'approcher la Déesse et de lui demander Sa présence pour certains conseils désespérés. Peu après la radio s'alluma d'elle-même, et un Voix femelle éthérique dit OUI ?

« O ! Éris ! Mère Bienheureuse de l'Homme ! Reine du Chaos ! Fille de la Discorde ! Concubine de la Confusion ! O ! Dame Exquise, je T'implore d'enlever un lourd fardeau de mon cœur ! »

QU'EST-CE QUI NE VA PAS, MAL ? TU N'AS PAS L'AIR BIEN.

« Je suis rempli de peur et tourmenté par de terribles visions de douleur. Partout les gens se font mal l'un l'autre, l'injustice règne sur la planète, des sociétés entières dépouillent leurs propres gens, des mères emprisonnent des fils, des enfants périssent alors que les frères font la guerre. O, malheur. »

QUEL EST LE PROBLEME AVEC CELA, SI CELA EST CE QUE TU VEUX *FAIRE* ?

« Mais personne le Veut! Tout le monde déteste ca. »

OH. ET BIEN, ALORS ARRÊTE.

À ce moment Elle se transforma en une publicité pour aspirine et laissa Le Polypatriarche à bout de ressources, seul avec son espèce.

Sinister Dexter a un spiromètre cassé.

CHAPITRE 5: LES PIONNIERS

- Les Cinq Apôtres d'Éris et qui ils sont -

1. HUNG MUNG

Un Sage de la Chine Antique et Missionnaire Discordien Officiel de la Chine Païenne. C'est lui qui créa originellement le Chao Sacré. Patron de la Saison du Chaos. Fêté le 5 janvier.

2. DR VAN VAN MOJO

Docteur en chef en Afrique Profonde et Fabricant de Poupées de Luxe D.H.V., Docteur en Saudou et Vorcières, de la Greater Metropolitan Yorba Linda Jesus Will Save Your Bod Home Study Bible School ; et C.G.H.I.P.M., Compagnon de la Guérilla Haitienne Intergalactique pour la Paix Mondiale. Patron de la Saison de la Discorde. Fêté le 19 mars. Note: Les Erisiens de la secte du Christ Hilare soutiennent bêtement que le Dr Mojo est un imposteur et que PATAMUNZO LINGANANDA est le véritable Second Apôtre. Lord Omar prétend que Dr Mojo accable de haine et de malédictions Patamunzo, qui ne retourne que des Vibrations d'Amour en retour. Mais nous, de la secte POEE savons que Patamunzo est le Véritable Imposteur, et que ces vibrations sont en réalité une tentative de renverser la légitime autorité apostolistique du Dr Mojo en le faisant capoter.

3. SRI SYADASTI SYADAVAKTAVYA SYADASTI SYANNASTI SYADASTI CAVAKTAVYASCA SYADASTI SYANNASTI SYADAVATAVYASCA SYADASTI SYANNASTI SYADAVAKTAVYASCA, communément appelé SRI SYADASTI

Son nom est en Sanskrit, et signifie: Toute affirmation est vraie d'une certaine façon, fausse d'une certaine façon, dénuée de sens d'une certaine façon, vraie et fausse d'une certaine façon, vraie et dénuée de sens d'une certaine façon, fausse et dénuée de sens d'une certaine façon, et vraie, fausse et dénuée de sens d'une certaine façon. Il est Indien Pundit et Prince, né dans la tribu Peyotl, fils du Doux Chef Graine de Tournesol et de la squaw Merry Jane. Patron des Discordiens de type psychédéliques. Patron de la Saison de la Confusion. Fêté le 31 mai. NOTE: Sri Syadasti ne devrait pas être confondu avec le BÉATIFIÉ ST-GULIK LE DEFONCE, qui n'est pas la même personne, mais le même Apôtre.

4. ZARATHUD L'INCORRIGIBLE, parfois appelé ZARATHUD L'INÉBRANLABLE
Un coriace ermite de l'Europe Médiévale et un Pétard de Bible Chaosphe. Surnommé « Offenseur de la Foi ». Découvrit les Cinq Commandements. Patron de la Saison de la Bureaucracie. Fêté le 12 août.

5. MALACLYPSE L'ANCIEN

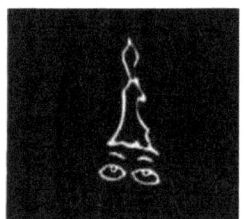

Un Sage errant de l'Ancienne Méditerranée (« Med-Terra » ou terre du milieu), qui suivit une Étoile à 5 pointes à travers les ruelles de Rome, Damas, Bagdad, Jérusalem, La Mecque et Le Caire, portant une pancarte qui semblait porter le mot « CONDAMNÉ ». (Ceci est un malentendu. La pancarte portait les mots « CON DAMNÉ ». Mal-1 est un Anti-Prophète.) Patron et homonyme de Mal-2. Patron de la Saison de l'Après- Eschaton (Post-Eschaton). Fêté le 24 octobre.

Toute affirmation est vraie d'une certaine façon, fausse d'une certaine façon, dénuée de sens d'une certaine façon, vraie et fausse d'une certaine façon, vraie et dénuée de sens d'une certaine façon, fausse et dénuée de sens d'une certaine façon, et vraie, fausse et dénuée de sens d'une certaine façon. Une clarification publique par l'École Sri Syadasti de la Sagesse Spirituelle, Wilmette.

Les leçons de l'École Sri Syadasti de la Sagesse Spirituelle sont vraies d'une certaine façon, fausses d'une certaine façon, dénuées de sens d'une certaine façon, vraies et fausses d'une certaine façon, vraies et dénuées de sens d'une certaine façon, fausses et dénuées de sens d'une certaine façon, et vraies, fausses et dénuées de sens d'une certaine façon. École Patamunzo Lingananda de la Sagesse Spirituelle Supérieure, Skokie.

L'HONNÊTE LIVRE DE LA VÉRITÉ, étant une BIBLE du
Mouvement Discordien
et Comment il fut révélé à l'Episkopos SEIGNEUR OMAR
KHAYYAM RAVENHURST, KSC; Bull Goose of Limbo; et Maître
Pasteur de l'Église Invisible du Christ Hilare, Temple Caché du Jésus
Heureux, Ranch du Bouddha Jésus Rieur (BJR)

Extrait de l'Honnête Livre de la Vérité
LE LIVRE DES EXPLICATIONS. Chapitre I

1. Un jour vint au Seigneur Omar, Bull Goose of Limbo, un Messager de Notre Dame qui lui révéla l'existence d'un Mont Sacré au coeur duquel était enfoui un Honnête Livre.

2. Et l'Ange d'Éris ordonna au seigneur: Va ainsi et trouve la Vérité, pour que tu viennes à la connaître et, la connaissant, la répandre et, la répandant, t'y vautrer et, t'y vautrant, y immerger et, immergé dans la Vérité, devenir un Poète du Mot et un Diseur de Paroles-- une Inspiration pour tous les hommes et le Scribe des Dieux.

3. Ainsi, Omar se rendit au Mont Sacré, qui se trouvait à l'Est de Nullah, et là il travailla à creuser le sable pendant cinq jours et cinq nuits, mais ne trouva aucun Livre.

4. À la fin des cinq jours et cinq nuits, il fut qu'Omar était éreinté. Il mit sa pelle de côté et s'étendit dans le sable, utilisant comme oreiller un Coffre Doré qu'il avait déterré lors du premier jour de son labeur.

5. Omar dormit.

6. Lors du cinquième jour de son sommeil, Seigneur Omar entra en Transe, et vint à lui en Transe un Rêve, et vint à lui dans le Rêve un Messager de Notre Dame qui lui révéla l'existence d'un bosquet au cœur duquel était camouflé un Coffre Doré.

7. Et l'Ange d'Éris ordonna au seigneur: *Va ainsi et ramasse le butin, pour que tu viennes à le posséder et, le possédant, le partager et, le partageant, l'aimer et, l'aimant, y reposer et, reposant dans le butin, devenir un Poète du Mot et un Diseur de Paroles -- une Inspiration pour tous les hommes et le Scribe des Dieux.*

8. Mais Omar se lamenta, disant à l'Ange: *C'est quoi cette merde? Pourquoi je m'en ferais pour le Mot et les Paroles? Pourquoi je m'en ferais pour l'Inspiration de tous les hommes? En quoi cela est-il profitable pour un homme d'être un Scribe des Dieux quand les Scribes gouvernementaux ne font rien, mais sont mieux payés?*

9. Et ainsi, l'Ange fut pris de colère et Omar fut écrasé au Sol par une Main Invisible et ne put se relever durant cinq jours et cinq nuits.

10. Lors de la cinquième nuit, il rêva, et dans son Rêve il eut une Vision, et dans cette vision vint un Messager de Notre Dame qui lui remit une boîte de cigares Rigoletto contenant plusieurs fiches, quelques-unes en paquet entourés d'élastiques, et sur ces cartes étaient quelquefois écrits des vers, alors que sur d'autres il n'y avait rien d'écrit.

11. Sur ce, l'Ange ordonna au seigneur: *Prends cet Honnête Livre de la Vérité en ton sein et chéris le. Apporte-le dans le Monde et dépose-le au pied des Rois des Nations et des Ramasseurs de Détritus. Prêches-en le contenu aux Vertueux, afin qu'ils abandonnent leurs manières et se repentent.*

00042

CHAOS CONVENTIONNEL

NE PAS PLIER

MORNEFACE

En l'an 1166 B.C., un imbécile frustré du nom de MorneFace se mit dans la tête que l'univers était aussi dénué d'humour que lui, et il se mit à prêcher que tout jeu était de nature impure, car contredisant l'essence de l'Ordre Sérieux.

« *Regardez tout l'ordre autour de vous* », dit-il. Et à partir de cela, il poussa des hommes honnêtes à croire que la réalité était une affaire de camisole de force et non la douce romance que les hommes avaient connue.

Il n'est présentement pas compris pourquoi les hommes furent si crédules à cette époque, puisqu'absolument personne ne songea à observer tout le Désordre autour d'eux et ainsi conclure le contraire. De toute façon, MorneFace et ses disciples prirent le jeu de la vie plus sérieusement qu'ils ne considéraient la vie elle-même et n'hésitèrent pas à détruire la vie de ceux qui n'adhéraient pas à leurs coutumes.

Le malheureux résultat de tout ceci est que l'humanité souffre depuis d'une instabilité psychologique et spirituelle. L'instabilité provoque de la frustration, et la frustration provoque la peur. Et la peur fait un mauvais trip. L'Homme est dans un bad trip depuis un bout de temps.

C'est ce qu'on appelle LA MALÉDICTION DE MORNEFACE.

*La merde
fait
pousser
les fleurs
et c'est joli*

*Pénètres le Chao avec un ami ou deux
Et suis le chemin où il te mène
À la dérive, tel un lunatique équipage
Par-delà les vagues dans tout ce que tu fais.
(HBT; Le Livre des Conseils, 1:3)*

MANDALA

**IL N'Y A PAS DEUX ELEMENTS QUI S'ASSEMBLENT
MAIS CINQ ELEMENTS SONT COMBINÉS**

PENDANT CE TEMPS, à la buanderie chinoise...

APOSTLE HUNG MUNG

DOGME I - METAPHYSIQUE #2, "COSMOLOGIE"*

LE LIVRE DE L'UTÉRUS
extrait du Livre Honnête de la Vérité révélé au Seigneur Omar

-1-

1. Avant le commencement, il y avait le Chaos Inexistant, balancé dans le Néant par le Parfait Contre-Pousse-Tire du Hodge et du Podge.

2. Sur quoi, par un acte fortuit, le Hodge commença graduellement à dominer le Podge -- et le Chaos Primaire ainsi fut.

3. Ainsi, au commencement, il y avait le Chaos Primaire, balancé sur le Bord du Néant par le Parfait Contre-Tire-Pousse du Podge et du Hodge.

4. Sur quoi, par la Loi du Revirement Négatif,** le Podge se vit soudainement dépassé par le Hodge et le Tout explosa.

5. Et de cela émergea la Force Active de la Discorde, la Subtile Manifestation du Chao Inexistant, pour guider le Tout sur le Chemin de retour vers le Néant. - pour qu'il ne se perde point parmi les Préceptes de l'Ordre dans la Région de Thud.

6. Alors qu'elle était Active, la Force de la Discorde pénétra dans l'État de Confusion, au cœur duquel Elle copula avec la Reine et engendra ERIS, Notre Dame de la Discorde et Grande Manifestation du Chaos Inexistant.

7. Et sous Éris la Confusion se vit établie, et de là fut appelée Bureaucratie; Pendant qu'au-dessus de la Bureaucratie, Éris se vit établie et se vit appelée Discordia.

8. Il vint que L'Établissement de la Bureaucratie périt dans une pénurie de papier.

9. Ainsi fut-il, en accord avec la Loi des Lois.

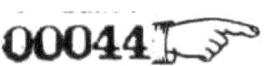

10. Pendant et après la Chute de l'Établissement de la Bureaucratie vint l'Après-Eschaton, un âge de Désordre dans lequel le calcul, les prévisions, et les comptes furent mis de côtés par les Enfants d'Éris, en Acception et Préparation du Retour au Néant, suivi par une Répétition de l'Absurdité Universelle. De plus, l'Avènement de l'Eschaton est en soi-même une Résurrection du Chaos de la Liberté. HAIL ÉRIS !

11. Ainsi fut mis en mouvement le Plan Érisien, qui allait se répéter Cinq fois Soixante-treize Fois, après quoi rien ne se produirait plus.

* Cette doctrine ne devrait pas être confondue avec DOGME III - HISTOIRE #6, « CYCLES HISTORIQUES », qui affirme que la progression sociale se produit en cinq cycles, les trois premier (« Le Tricycle ») étant la THESE, l'ANTITHESE et le PARENTHESE; et les deux dernier (« Le Bicycle ») étant la CONSTERNATION et la WARPTITUDE MORALE.

** La LOI DU REVIREMENT NÉGATIF affirme que si quelque chose ne se produit pas, alors le contraire va se produire, seulement, de manière opposée à celle dans laquelle ce n'est pas arrivé.

NOTE: C'est sur ce texte du Livre de l'Utérus que POEE a basé son Calendrier Érisien avec l'année divisée en 5 Saisons de 73 jours chacun. Chacun des Cinq Apôtres est le Patron d'une Saison. Un diagramme des Saisons, Patrons, Jours de la Semaine, Fêtes, et de conversion au calendrier Grégorien est inclue dans cette édition du Principia.

« Et c'est ainsi que la Loi fut formulée: IMPOSITION de l'Ordre = escalade du Désordre ! »
[L.H.V.; L'Évangile selon Fred, 1:6]

LES CINQ ORDRES DE DISCORDIA (« EUX »)
Gen. Pandémonium, Commandant

Les germes des ORDRES DE DISCORDIA furent ensemencés par MorneFace en ses premiers disciples. Ils forment la charpente du Mouvement Anéristique, qui accentue le Principe de l'Ordre et est antagoniste au complément nécessaire, le Principe du Désordre. Les Ordres sont composés de personnes obsédées par l'autorité, la sécurité et le contrôle; i.e., ils sont aveuglés par l'Illusion Anéristique. Ils sont inconscients de leur appartenance aux Ordres de Discordia. Mais nous savons.

1. L'Ordre Militaire des CHEVALIERS DU TEMPLE AUX CINQ CÔTÉS. Ceci est pour tout les chevaliers et bureaucrates du monde.

2. L'Ordre Politique du PARTI POUR LA GUERRE CONTRE LE MAL. Ceci est réservé aux législateurs, censeurs et autres semblables.

3. L'Ordre Académique de la COMMUNAUTÉ DE LA CIGUE. Ils habitent communément les écoles et universités, et dominent plusieurs de celles-ci.

4. L'Ordre Social du COMITÉ DES CITOYENS POUR LES CITOYENS SOUCIEUX. Ceci est une version plutôt rurale des Ordres militaires, politiques, académiques et sacrés plus professionnels.

5. L'Ordre Sacré de la LIGUE DE DIFFAMATION. Peu de choses sont connues sur la L.D., mais elle est très ancienne et fut très possiblement fondée par MorneFace lui-même. Il est reconnu qu'ils possèdent maintenant une domination absolue sur toutes les églises organisées dans le monde. On croit également qu'ils ont déguisé des choux afin de les faire passer pour des êtres humains.

Ne les laissez pas immanentiser l'Eschaton

Une personne appartenant à plus d'un Ordre est aussi susceptible de porter un drapeau du contre-établissement qu'un drapeau de l'établissement - tant que c'est un drapeau.

HIP-2-3-4, HIP 2-3-4
ALLEZ À VOTRE GAUCHE-DROITE....

00047

L'EXTRAIT SUIVANT EST UNE CITATION DE BERGAN EVANS

SUR NORBERT WEINER, PHYSICIEN NUCLÉAIRE

Le second concept que doit établir Weiner est celui de l'entropie. La probabilité est un concept mathématique, venant de la statistique. L'entropie provient de la physique. C'est l'affirmation – établie de façon logique et expérimentale – que l'univers, dans sa nature, « s'épuise », se déplaçant vers un état d'uniformité inerte dénué de forme, matière, hiérarchie ou différentiation.

En d'autres mots, dans toute situation donnée, moins d'organisation, plus de chaos, est incroyablement plus probable qu'une organisation plus resserrée ou plus d'ordre.

La tendance qu'a l'entropie d'augmenter dans des systèmes isolés est énoncée dans la seconde loi de la thermodynamique – peut-être la plus pessimiste et la plus immorale formulation de toute la pensée humaine.

Ceci s'applique toutefois, à un système clos, à quelque chose qui est un tout isolé, non juste une partie. Dans de tels systèmes il peut y avoir des parties qui puisent de l'énergie du tout, qui bougent temporairement tout au moins, dans la direction opposée ; dans ces parties, l'ordre augmente et le chaos diminue.

Les tourbillons qui tournoient dans la direction opposée au courant principal sont appelés des enclaves. Et l'une d'elles est la vie, en particulier la vie humaine, qui dans un univers se déplaçant inexorablement vers le chaos, va vers un ordre croissant.

Annonce Personnelle

*LE Pi PLANÉTAIRE, que j'ai découvert, est 61. C'est une relation Temps-Énergie, qui existe entre le soleil et les planètes intérieures et je l'utilise pour aboutir à plusieurs faits inconnus de la science. Par exemple, multipliez la circonférence de la terre nue 24 903.20656 par 61 et vous obtenez la distance de l'orbite lunaire autour de la terre. Ceci est en vérité légèrement inférieur au résultat actuel, puisque nous n'avons pas encore considéré l'atmosphère terrestre. Ainsi soit-il.
Christopher Garth, Evanston.*

Si le téléphone sonne, inondez-le !
Rev. Thomas, Cabale Gnostique
NYC

« J'AURAIS DU ÊTRE PLOMBIER »
 - *Albert Einstein*

« LA SAUTERELLE A TOUJOURS TORT DANS UNE DISPUTE AVEC UN POULET »

- Livre de Chan, Compilé par la Secte O.P.U.

= L'ILLUMINATION DE ZARATHUD =

Avant de devenir ermite, Zarathud était un jeune Prêtre et prenait grand plaisir à ridiculiser ses rivaux en face de ses disciples.

Un jour, Zarathud emmena ses étudiants à un pâturage plaisant et c'est là qu'il confronta Le Chao Sacré, alors qu'Elle broutait paisiblement.

« *Dis-moi, bête stupide* », demanda le Prêtre d'une voix autoritaire, « *pourquoi ne fais-tu pas quelque chose d'utile. Quelle est ton But dans la Vie, de toute façon ?* »

Mâchant le savoureux gazon, Le Chao Sacré répliqua « *MU* » *.

En entendant ceci, absolument personne ne fut éclairé. Surtout parce que personne ne pouvait comprendre le chinois.

* « MU » est l'idéogramme chinois pour RIEN.

Trouve la Paix dans le Chao satisfait TAO FA TSU-DAN

LE CHAO SACRÉ

Le CHAO SACRÉ est la clé vers l'illumination. Créé par l'Apôtre Hung Mung en Chine Ancienne, il fut modifié et popularisé par les Taoistes et est parfois appelé le YIN-YANG. Le Chao Sacré n'est pas le YIN-YANG des Taoistes. C'est le HODGE-PODGE des Érisiens. Et, au lieu d'un point de Podge sur le côté du Hodge, il y a un PENTAGONE qui symbolise le PRINCIPE ANÉRISTIQUE, et au lieu d'un point de Hodge sur le côté du Podge, on y trouve la POMME DORÉE DE LA DISCORDE pour symboliser le PRINCIPE ÉRISTIQUE.

Le Chao Sacré symbolise absolument tout ce que quiconque doit savoir sur absolument tout, et plus! Il symbolise même tout ce qui ne vaut pas la peine d'être connu, représenté dans l'espace vide entourant le Hodge-Podge.

ET VOICI UN PEU DE PSYCHO-MÉTAPHYSIQUE.

Si vous n'êtes pas très friands de philosophie, il vaut mieux pour vous l'ignorer.

Le Principe Anéristique est celui de l'ORDRE APPARENT; le Principe Éristique est celui du DÉSORDRE APPARENT. L'ordre et le désordre sont tous deux des concepts conçus par l'homme et sont des divisions artificielles du PUR CHAOS, qui est un niveau plus profond que n'est le niveau de la distinction.

Avec notre système de création de concepts (la pensée, le cerveau) nous percevons la réalité à travers les préjugés que notre culture nous donne. Ces préjugés sont erronément appelés "réalité" et les gens non-éclairés sont perplexes devant le fait que les gens d'autres cultures perçoivent la réalité différemment. Ce ne sont que les préjugés qui diffèrent. La Vraie réalité est un niveau plus profond que le niveau des concepts.

Nous observons le monde à travers des fenêtres sur lesquelles ont été dessinées des grilles (concepts). Différentes philosophies utilisent différentes grilles. Une culture est un groupe de personnes

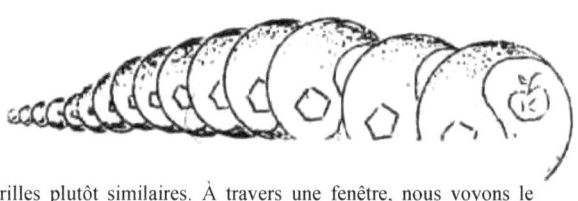

avec des grilles plutôt similaires. À travers une fenêtre, nous voyons le chaos, et nous établissons un rapport avec celui-ci et les points de notre grille, et ainsi nous le comprenons. L'ORDRE est dans la GRILLE. Ceci est le Principe Anéristique.

La philosophie occidentale cherche traditionnellement à contraster une grille avec une autre, et rectifier des grilles, dans l'espoir de trouver la grille parfaite qui va tenir compte de toute la réalité et va ainsi (disent les occidentaux non-éclairés) être Vraie. Ceci est illusoire; c'est ce que nous Érisiens appelons l'ILLUSION ANÉRISTIQUE. Certaines grilles sont plus utiles que d'autres, certaines plus belles que d'autres, certaines plus plaisantes que d'autres, etc., mais aucune ne peut être plus Vraie qu'une autre.

Le Désordre est tout simplement de l'information sans relation vue à travers une grille particulière. Mais, tout comme la "relation", la non-relation est aussi un concept. Mâle, comme femelle est une idée à propos du sexe. Dire que la masculinité est une "absence de féminité" ou vice-versa est une question de définition et métaphysiquement arbitraire. Le concept artificiel de non-relation constitue le PRINCIPE ÉRISTIQUE.

La croyance que "l'ordre est vrai" et que le désordre est faux ou mauvais de quelque façon est l'Illusion Anéristique. Dire la même chose du désordre est l'ILLUSION ÉRISTIQUE.

L'essentiel est que la vérité (v minuscule) est une question de définition relative à la grille utilisée, et que la Vérité (V majuscule), la réalité métaphysique, est totalement indépendante des grilles. Choisissez une grille et, à travers celle-ci, une partie du chaos apparaît ordonné et le reste désordonné. Choisissez une autre grille et, le même chaos paraîtra ordonné et désordonné selon une distribution différente.

La Réalité est le Rorschach original.

En vérité! Tant pout tout ceci.

Les Paroles du Fou et celles du Sage Ne sont pas si différentes dans l'Oeil du Discordien.
(HBT; Le Livre du Conseil 2:1)

Le PODGE du Chao Sacré est symbolisé par La Pomme Dorée de la Discorde, qui représente le Principe Érisien du Désordre. L'écriture sur la pomme, « KALLISTI » est le grec pour « À LA PLUS BELLE » et se réfère à un vieux mythe à propos de La Déesse. Mais les Grecs n'avaient qu'une compréhension limitée du Désordre, et croyaient que c'était un principe négatif.

Le Pentagone représente le Principe Anéristique de l'Ordre et symbolise le HODGE. Le Pentagone possède plusieurs références: premièrement, il peut représenter la géométrie, une des plus anciennes études de l'ordre formel à atteindre des développements élaborés ;* de plus, il entre parfaitement en accord avec LA LOI DES CINQ.

LA VÉRITÉ EST CINQ, MAIS LES HOMMES N'ONT QU'UN NOM POUR ELLE.
- **Patamunzo Lingananda**

C'est aussi la forme du Quartier Général Militaire des États-Unis, l'Édifice du Pentagone, une très fertile manifestation de l'ordre extrême reposant sur une ferme fondation de chaos et constamment en éruption de désordre éblouissant; et cet édifice est l'un de nos Temples Érisiens préférés. Également, en des temps de magie médiévale, le pentagone fut un symbole générique des loup-garou, mais cette référence n'est pas particulièrement intentionnée et il devrait être noté que le Mouvement Érisien ne pratique aucune discrimination envers les loups-garou – notre liste de membres est ouverte aux personnes de toutes races, nationalités et passe-temps.

* Le géomètre grec PYTHAGORE, toutefois, n'était pas une figure anéristique typique. Il était ce que nous appelons un ANÉRISTIQUE EXPLOSÉ et un AVATAR. Nous l'appelons Archange Pythagore.

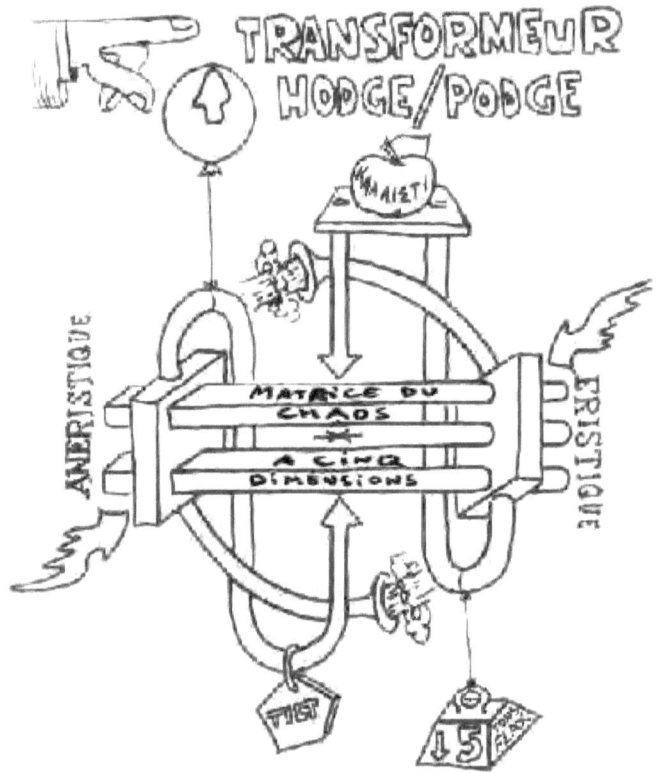

ENREGISTREMENT JOUR 28

5. Hung Mung se donna une claque aux fesses, sautilla alentours, et s'agita la tête dans tous les sens, en disant, "Je ne sais pas! Je ne sais pas!"
LHV; Le Livre des Imbéciles, Chap.1

LE TEMPLE DE BRUNSWICK

Dans la banlieue de Los Angeles, à Whittier, se trouvait une salle de bowling, et en cet endroit, en l'An 3125 de Notre Dame de la Discorde (1959*), Éris se révéla au Corps d'Élite de la Pomme Dorée pour la première fois.

C'est en honneur de cet Incroyable Évènement que cet Endroit Béni est révéré comme un Lieu de Pèlerinage par tous les Érisiens. Tous les cinq ans, le Corps d'Élite de la Pomme Dorée planifie un Pèlerinage au Temple de Brunswick en tant qu'acte de Dévotion, et ainsi y profiter d'aucun Pain à Hot-Dog, et méditer un peu sur le Tout.

Il est écrit que lorsque le Corps d'Élite retournera au Temple pour la cinquième fois cinq fois, alors le monde arrivera à sa fin:

LA DESTRUCTION IMMANENTE EST ARRIVÉE
Et Cinq Jours Précédant Cette Occasion, l'Apôtre Malaclypse l'Ancien Marchera dans les Rues de Whittier Portant un Signe où Tous les Lettrés pourront Lire; « DOOM », un Avertissement de la Destruction Immanente Pour Tous les Hommes. Et il Signalera Cet Évènement en Recherchant les Pauvres et en leur Distribuant de Précieux BOUTTONS MAO et Whittier Sera Connue Comme La Région de Thud pour Ces Cinq Jours.

En tant que service public pour toute l'humanité et la civilisation en général, et pour nous en particulier, le Corps d'Élite de la Pomme Dorée a conclu que la planification d'un tel Pèlerinage est suffisante et qu'il est prudent de ne jamais l'effectuer pour de vrai.

* *Ou peut-être est-ce 1958, j'en perds des bouts.*

00053

LES CAILLOUX DE STARBUCK
Lequel Est Vrai?

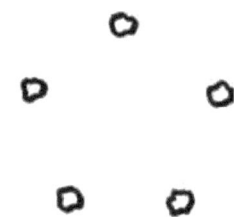

Ces 5 cailloux forment-ils vraiment un pentagone ?
Ceux biaisés par l'Illusion Anéristique diraient oui.
Ceux biaisés par l'Illusion Éristique diraient non.
Rejoignez-les par des lignes croisées et c'est une étoile.

Un Esprit Illuminé peut voir tout cela, mais il n'insiste pas qu'une réponse en particulier est vraie, ou qu'aucune ne l'est. Les Étoiles, Pentagones et Désordre ne sont que ses propres créations et il peut faire d'elles ce qu'il désire. En effet, tel est le concept du numéro 5.

> Pouvez-vous tracer le TRAJET vers la CHÉRIE du Capitaine Valentin?

La vraie réalité est là, mais tout ce que vous savez sur « elle » est dans votre esprit et c'est à vous d'en faire ce que vous voulez. La Conceptualisation est un art, et VOUS ÊTES L'ARTISTE.

Les convictions causent des détenus.

> **LA CIGUE ? JAMAIS TOUCHÉ À CA!**

> Lorsque j'avais 8 ou 9 ans, j'ai acquis un magasine de foufounes fendues. Vous pouvez imaginer ma déception lorsque, après examen des photos avec un microscope, tout ce que je pouvais voir étaient des points.

00054

7. Ne jamais écrire avec un crayon, à moins que vous ne soyez dans un train ou malade au lit.

ERIS SE RECUEILLE POUR 3125 ANNEES

Pun-jab est Sikh, Sikh, Sikh!
LA PARATHÉO-ANAMÉTAMYSTIKHOOD OF ERIS ESOTÉRIQUE POEE) Une Désorganisation Non-Prophétique Irréligieuse

Malaclypse le Jeune KSC
Omnibénévolent Polypatriarche de la Virginité en Or
Grand-Prêtre

LE MOUVEMENT ÉRISIEN   MAISON DES APOTRES D'ÉRIS

(X) Affaires Officielles   ( ) Affaires Louches   page 1 de 1 pages
Numéro du Document Discordien Officiel (si applicable): n/a
( ) Le Corps de la Pomme Dorée
(X) Maison des Disciples de Discordia: La Bureaucratie, Bureau des: DOGMES
( ) Concile des Episkopos: Bureau de la Haute Prêtrise, Secte de POEE   ( ) Tiroir o

DATE d'aujourd'hui: Journée de la Carotte   DATE d'hier: oui   Cabale d'origine: CABALE JOSHUA NORTON - San Francisco
À : REV. PANCRÉAS RAMPANT, tRRoCR(a)pttM; Incrustation du Colorado

Frère Ram,

Votre observation perspicace, que ERIS écrit à l'envers est SIRE, et votre suggestion à l'effet qu'il y ait là un symbolisme sexuel, m'ont amené à des observations de mon cru.

ERIS écrit avec la fin au début est RISE. Et écrit du dedans vers le dehors est REIS, qui est une unité de monnaie, d'origine Portugaise-Brésilienne, et qui n'est plus en usage. De cela nous pouvons conclure qu'Éris a usurpé Éros (dieu de l'amour érotique) dans les yeux de ceux qui lisent à l'envers; ce qui a évidement rendu Éros endolori (sorE).

Ensuite, Elle a apparemment détourné la trésorerie de l'Olympe et est partie pour le Brésil; où Elle a ouvert une chaîne de bordels (qui très certainement donnerait une montée de la part de la population mâle). Je déduis cela du fait que MADAM reste le même, lu à l'endroit ou à l'envers. De plus, c'est un terme de grand respect, tout comme SIRE.

Merci beaucoup pour votre perspicacité, cela pourrait bien être l'indice qui permettra de résoudre le mystère de ce qu'Éris a bien pu foutre lors des 3125 dernières années.

CINQ TONNES DE LIN!
Sauvegardez cette missive, ce pourrait être un DOCUMENT IMPORTANT Formulaire No.: O.D.D. IIb/ii.1-37D.VVM;3134

✱ Mal²

KALLISTI ⚔⚔⚔ **HAIL ERIS** ⚔⚔⚔ **ALL HAIL DISCORDIA**

DOGME III - HISTOIRE #2, « COSMOGONIE »

Qui n'est pas la même chose que DOGME I - METAPHYSIQUE #2, « COSMOLOGIE » (Livre de l'Utérus).

Au commencement, il y avait le NEANT, qui avait deux filles : une (la plus petite) était celle de l'ÊTRE, appelée ERIS, et une (la plus grande) était celle du NON-ÊTRE, appelée ANERIS. (A ce jour, la vérité fondamentale qu'ANERIS est la plus grande est apparente à tous ceux qui comparent le grand nombre de choses qui n'existent pas au nombre relativement faible de choses qui existent).

Eris était née enceinte, et après 55 ans (Les Déesses ont une période de gestation plutôt longue -- plus longue que celle des éléphants), Sa grossesse portait le fruit de plusieurs choses. Ces choses étaient composées des Cinq Eléments Primaires, DOUX, BOOM, ÂCRE, PIQUANT, et ORANGE. Anéris, toutefois avait été créée stérile. Quant elle vu Eris si heureuse avec toutes els choses existantes qu'Elle avait enfanté, Anéris devint jalouse et finalement, un jour, elle déroba quelques choses existantes, els changea en choses non-existantes et les déclara siennes, comme étant ses propres enfants. Ceci blessa profondément Eris qui commença à croire que Sa sœur était injuste (étant tellement plus grande de toute façon) de lui dénier Ses petits plaisirs. Et ainsi, Elle s'enfla à nouveau afin d'engendrer plus de choses. Et Elle jura que peu importe la part de sa progéniture qu'Anéris volerait, Elle en engendrerait plus. Et en retour, Anéris jura que peu importe combien de choses existantes Eris amènerait, elle les trouverait finalement et les changerait en choses non-existantes. (Et jusqu'à ce jour, les choses apparaissent et disparaissent exactement de cette façon).

Au début, les choses engendrées par Eris étaient dans un état chaotique et arrivaient de toutes sortes de façons, mais peu à peu Elle commença à jouer avec elles et en ordonna quelques-unes simplement pour voir ce qui se produirait. Quelques belles choses survinrent de ce jeu et pendant les prochaines cinq zillions d'années Elle S'amusa en créant l'ordre. Et ainsi Elle groupa certaines choses avec d'autres et certains groupes avec d'autres, et des gros groupes avec des petits groupes, et toutes les combinaisons jusqu'à ce qu'Elle ait plusieurs grands schémas, ce qui l'enchanta.

Absorbée à établir l'ordre, Elle remarqua finalement un jour le désordre (auparavant non apparent puisque tout était le chaos). il y avait plusieurs états dans lesquels le chaos était ordonné et plusieurs états dans lesquels il en l'était pas.

« *Hah,* » pensa-t-Elle, « *voilà qui ferait un nouveau jeu.* »

Et Elle enseigna à l'ordre et au désordre à concourir l'un contre l'autre à tours de rôle. Elle nomma le côté du désordre d'après Elle-même, « ÉRISTIQUE » parce qu'Être est anarchique. Ensuite, dans un mouvement de sympathie pour sa sœur solitaire, Elle nomma l'autre côté « ANERISTIQUE » ce qui flatta Anéris et radoucit un peu la friction qu'il y avait entre elles.

Cependant, pendant tout ce temps, le Néant était en quelque sorte dérangé. il se sentait insatisfait puisqu'il n'avait que l'existence physique et la non-existence physique. Il avait négligé el spirituel. Alors qu'il contemplait ceci, un formidable Calme fut causé et il entra dans un état de Profond Sommeil qui dura pendant 5 ères. A la fin de cette épreuve, il engendra un frère à Eris et Anéris, celui de la SPIRITUALITÉ, qui ne possédait aucun nom du tout.

Quand les sœurs entendirent cela, elles allèrent voir le Néant et le supplièrent de en pas oublier ses premières progénitures. Et ainsi donc le Néant déclara : Que ce frère, n'ayant aucune forme, devait résider avec Anéris dans le non-être et ensuite la quitter et, pour qu'il puisse jouer avec l'ordre et le désordre, résider avec Eris dans l'Être. Mais Eris se remplit de chagrin quand Elle entendit ceci et commença à pleurer.

« *Pourquoi es-tu abattue ?* » demanda le Néant, « *Ton nouveau frère aura sa part de jeu avec toi.* »

« *Mais Père, Anéris et moi nous sommes disputées, et elle le prendra lorsqu'elle le découvrira, et le fera retourner au Non-Être.* »

« *Je vois,* » répliqua le Néant, « *alors je déclare ce qui suit : Quand ton frère quittera la résidence de l'Être, il ne devra pas résider à nouveau dans le Non-Être, mais devra revenir à Moi, le Néant, d'où il vint. Vous els filles pourrez vous chamaillez tant que vous voudrez, mais Mon fils est votre Frère et Nous sommes tous de Moi.* »

Et c'est ainsi que nous, en tant qu'hommes, n'existons pas jusqu'à ce que nous existions, et ensuite ainsi que nous jouons avec notre monde de choses existantes, et les ordonnons et les désordonnons. la non-existence nous reprendra de l'existence et la spiritualité innommable retournera au Néant, comme un enfant fatigué à la maison, revenant d'un cirque frénétique. Ainsi soit-il.

« *Tout est vrai, tout est permis* »
Hassan-i-Sabbah

APOSTLE SRI SYADASTI

Il y a de la sérénité dans le chaos.

Cherche l'œil de l'ouragan.

APÔTRE SRI SYDASTI

UN RITE MYTÉRIEUX POEE - LE CHANT SRI SYADASTIEN
Écrit, dans un certain sens, par Mal-2

Contrairement à une chanson, les chants ne sont pas récités mais chantés. Celui-ci particulièrement est bien mis en valeur par l'utilisation d'un Meneur pour chanter le Sanskrit seul, avec tous les participants chantant le Français. Il demande aussi d'être dans un état d'esprit tranquille et d'être assis dans une position immobile, peut-être La Position Renoncule des Champs. Si on est complètement défoncé ca aide aussi.

RUB-A-DUB-DUB
O! Acclamons Eris. Béni St. Hung Mung.
SYA-DASTI
O! Acclamons Eris. Béni St. Mo-jo.
SYA-DAVAK-TAVYA
O! Acclamons Eris. Béni St. Zara-thud.
SYA-DASTI SYA-NASTI
O! Acclamons Eris. Béni St. Mal. l'Ancien
SYA-DASTI KAVAK-TAV-YASKA
O! Acclamons Éris. Béni St. Gu-lik.
SYA-DASTI, SYA-NASTI, SYA-DAVAK-TAV-YASKA
O! Acclamons Éris. Acclamons tous Discordia
RUB-A-DUB-DUB

Ceci est ensuite répété indéfiniment, ou pendant les premiers deux mille kilomètres, peu importe ce qui advient d'abord.

LA CLASSIFICATION DES SAINTS

1. SAINT SECONDE CLASSE

À réserver pour tous les êtres humains méritant la Sainteté. Exemple: St.Norton Premier, Empereur des Etats-Unis et Protecteur de Mexico (sa tombe près de San Francisco est un lieu de pèlerinage POEE officiel.)

LES QUATRE CATÉGORIES SUIVANTES SONT RÉSERVÉES POUR DES ÊTRES FICTIFS QUI, N'ÉTANT PAS REELS, SONT LES PLUS CAPABLES DE PERFECTION.

2. SAINT PREMIÈRE CLASSE

Bon Saint matériel et définitivement inspirant. Exemple: St. Yossarian (Cercle Vicieux 22, Enfereur)

3. SAINT LIEUTENANT

Excellent Saint saturé de Déesse.
Exemple: St. Quichotte (Don Quichotte, Cervantes)

4. SAINT BRIGADIER

Comparable au Saint/Lt mais a un suivi établi (fictif ou factuel). Exemple: St. Bokonon (Berceau du Chat, Vonnegut)

5. SAINT CINQ ÉTOILES

Les Cinq Apôtres d'Éris.

Note: C'est une Vieille Tradition Érisienne que de ne jamais être d'accord avec les autres à propos des Saints.

Tout le monde comprend Mickey Mouse. Peu comprennent Herman Hesse. Une poignée seulement a compris Einstein. Personne ne comprend l'empereur Norton.
Slogan de la Cabale Norton, SF.

**DES DOCTEURS
PROUVENT PAR DES TESTS
QUE RETRECIR EST
POSSIBLE**

=Sur L'occultisme=

Les magiciens, spécialement depuis les influences Gnostiques et Quabala, ont recherché une plus haute conscience à travers l'assimilation et le contrôle des opposés universels-- bien/mal, positif/négatif, mâle/femelle, etc. Mais, dû au ritualisme pompeux ancestral hérité des anciennes méthodes des shamans, les occultistes ont été aveuglés, oubliant ce qui peut-être sont les deux plus importantes paires d'opposés apparents: ORDRE/DÉSORDRE et SÉRIEUX/HUMORISTIQUE.

Les magiciens, et leurs descendants les scientifiques, se sont toujours considérés eux et leur sujet d'une manière ordonnée et sobre, ne tenant ainsi aucun compte de la balance métaphysique essentielle. Quand les magiciens apprendront à approcher la philosophie comme un art malléable au lieu d'une Vérité immuable, et apprendront à apprécier l'absurdité des efforts humains, alors ils seront capables de poursuivre leur art avec un cœur plus léger, et peut-être en avoir une compréhension plus claire, et ainsi posséder une magie plus efficace. LE CHAOS EST ÉNERGIE.

Il y a un défi essentiel lancé aux concepts de base de toute la pensée occulte occidentale, et POEE est humblement content d'offrir la première percée révolutionnaire dans l'occultisme depuis Salomon.

LE SYSTEME ASTROLOGIQUE POEE

1) À votre prochain anniversaire, retournez à l'endroit de votre naissance et, à minuit précisément, notant l'heure de votre naissance et la date de l'observation, comptez toutes les étoiles visibles.

2) Lorsque cela sera fait, écrivez-moi et je vous dirai quoi faire ensuite.

Le théorème à être prouvé est que si n'importe quel nombre pair de personnes prennent place au hasard autour d'une table circulaire portant des cartes avec leurs noms, il est toujours possible de faire tourner cette table jusqu'à ce qu'au moins deux personnes soient à l'opposé de leurs cartes. Assumons le contraire. Soit N le nombre pair de personnes, et remplaçons leurs noms par les entiers 0 à N-1 « *de telle façon que les cartes de places soient numérotées en séquence autour de la table. Si un délégué D s'assoit originellement à une carte de place P, ensuite la table doit être tournée R étapes avant qu'il soit correctement assis, où R=P-D, à moins ceci soit négatif, en auquel cas R=P-D+N. L'ensemble des valeurs de D (et de P) pour tous les délégués est clairement: les entiers 0 à N-1, chacun pris une fois, mais est aussi l'ensemble des valeurs de R, sinon deux délégués seraient correctement assis au même moment. Additionnant les équations ci-dessus, une pour chaque délégué, on a S-S+NK, où K est un entier et S=N(N-1)/2, la somme des entiers de 0 à N-1. Il s'en suit que N=2K+1, un nombre impair.* »

« *En fait j'ai résolu le problème il y a quelques années,* » écrit Rybicki, « *pour un problème différent mais complètement équivalent, une généralisation du problème des 'huit reines' non-attaquantes pour un échiquier cylindrique où l'attaque diagonale est restreinte aux diagonales obliques dans une direction seulement.* »

LA MALÉDICTION DE MORNEFACE ET L'INTRODUCTION DU NÉGATIVISME

Choisir l'ordre au détriment du désordre, ou le désordre au détriment de l'ordre, c'est accepter un voyage composé autant de créatif que de destructif. Mais choisir le créatif au détriment du destructif est un voyage tout-créatif composé autant d'ordre que de désordre. Pour accomplir ceci, il suffit d'accepter le désordre créatif ainsi que, et tout autant, l'ordre créatif, et aussi être désireux de rejeter l'ordre destructif comme étant un équivalent indésirable au désordre destructif.

La Malédiction de MorneFace incluait la division de la vie en ordre/désordre comme étant la polarité positive/négative essentielle, au lieu de construire un fondement de jeu avec le créatif/destructif comme étant l'essentiel positif/négatif. Il a ainsi fait endurer à l'homme les aspects destructifs de l'ordre et l'a empêché de participer efficacement aux usages créatifs du désordre.

La civilisation reflète cette malheureuse division.

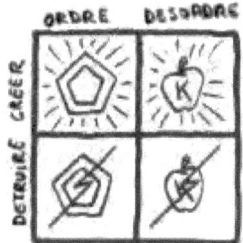

POEE proclame que l'autre division est préférable, et nous travaillons sur la proposition que le désordre créatif, comme l'ordre créatif, est possible et désirable ; et que l'ordre destructif, comme le désordre destructif, n'est pas nécessaire et est indésirable.

Recherchez le Chao Sacré - là vous trouverez le secret de tout ORDRE/DÉSORDRE. Ils sont la même chose !

RITUEL DE MAGIE ÉRISIENNE - LE SORT DE LA DINDE

Révélé par l'apôtre Dr. Van Van Mojo comme une riposte spécifique à la malfaisante Malédiction de Morneface, LE SORT DE LA DINDE est ici transmis aux Érisiens de partout pour leur juste protection.

Le Sort de la Dinde marche. Il est fermement basé sur le fait que MorneFace et sa suite requièrent absolument une disposition anéristique pour fonctionner et qu'une introduction opportune de vibrations éristiques neutralisera leur fondement. Le Sort de la Dinde est conçu uniquement pour contrecarrer les vibrations anéristiques négatives et s'il est lancé dans une disposition anéristique neutre ou positive (comme un poète travaillant des rythmes de mots) il s'avérera inoffensif, ou au pire, simplement embêtant. Il n'est pas conçu pour une utilisation contre des vibrations éristiques négatives, quoiqu'il puisse être utilisé comme un véhicule éristique pour introduire des vibrations dans une disposition éristique malencontreuse. Dans ce cas, il serait de la responsabilité du Magicien Érisien d'inventer les vibrations positives si des résultats ont à être accomplis. ATTENTION - toute magie est puissante et requiert du courage et de l'intégrité de la part du magicien. Ce rituel, s'il est mal utilisé, peut faire effet boomerang. La motivation positive est essentielle pour une protection personnelle.

POUR ACCOMPLIR LE SORT DE LA DINDE:

Mettez-vous en position comme si vous étiez John L. Sullivan se préparant pour une bagarre. Faites face au Morneface particulier que vous souhaitez court-circuiter, ou en direction de la vibration anéristique négative que vous désirez neutraliser. Commencez à faire des vagues avec vos bras de n'importe quelle manière élaborée et faites des mouvements avec vos mains comme si vous étiez Mandrake pelotant une géante sexy. Psalmodiez, fort et clair :

gobbleA gobbleA gobbleA gobbleA gobbleA

Les résultats seront instantanément apparents.

UN ECRIT ÉLÉMENTAIRE POUR ÉVANGÉLISTES ÉRISIENS
par Lord Omar

L'APPROCHE SOCRATIQUE est la plus couronnée de succès lors d'une confrontation avec l'ignorant. L'« Approche Socratique » c'est lorsque vous commencez une discussion en posant des questions. Vous approchez l'innocent et demandez simplement « *Saviez-vous que le nom de Dieu est ÉRIS et qu'Il est une fille ?* » S'il devait répondre « *Oui.* » alors il s'agit probablement d'un pote Érisien et vous pouvez oublier tout ça. S'il dit « *Non* » alors passez rapidement à:

L'AFFIRMATION AVEUGLE et dites « *Et bien, Il Est une fille, et Son nom est ÉRIS !* » Observez avec perspicacité si le sujet est convaincu. S'il l'est, faites-lui prêter serment à la Légion de la Discorde Dynamique avant qu'il ne change d'idée. S'il n'a pas l'air convaincu, alors passez au:

BOUT DE FOI: « *Mais tu dois avoir la Foi! Tout est perdu sans la Foi! Je me sens certainement désolé pour toi si tu n'as pas la Foi.* » Et ensuite ajoutez:

L'ARGUMENT PAR LA PEUR et dans une voix lourde de menaces demandez « *Sais-tu ce qui arrive à ceux qui renient la Déesse ?* » S'il hésite, ne lui dites pas qu'il sera très certainement réincarné en précieux Bouton Mao et distribué aux pauvres dans la Région de Thud (ce qui serait une méchante chose à dire), hochez simplement la tête tristement et, tout en essuyant une larme de votre œil, allez au:

STRATAGEME DE LA PREMIERE CLAUSE où vous parlez de toute la discorde et la confusion dans le monde et vous exclamez « *Et bien qui diable crois-tu a fait tout cela, petit malin ?* » S'il dit « *Personne, seulement des forces impersonnelles.* » alors répondez rapidement avec:

L'ARGUMENT PAR LES GYMNASTIQUES SÉMANTIQUES et dites qu'il a absolument raison, et que ces forces impersonnelles sont femelles et que Leur nom est ÉRIS. Si, merveille des merveilles, il demeure encore obstiné, alors ayez finalement recours à:

LA RUSE DU SYMBOLISME FIGURATIF et confiez-lui que les personnes sophistiquées comme lui reconnaissent que Éris est un Symbole Figuratif pour une Réalité Métaphysique Indicible et que Le Mouvement Érisien est plutôt considéré comme un poème que comme une science et qu'il est enclin à être changé en Précieux Bouton Mao et à être Distribué Aux Pauvres dans La Région de Thud s'il ne rentre pas dans le mouv'. Ensuite inscrivez- le à votre liste de diffusion.

00066

COULÉ

UN JEU

par Ala Hera, E.L., N.S.; PANTHERES DE LA POMME DE RAYVILLE

COULÉ est joué par les Discordiens et les gens du même genre.

BUT: Couler l'objet ou un objet ou une chose... dans l'eau ou la boue ou n'importe quoi dans lequel vous pouvez couler quelque chose.

REGLES: Il est permis de couler de n'importe manière. Jusqu'à présent, des gros tas de boue de dix livres ont été utilisés pour couler une boîte de tabac. Il est préférable d'avoir un puits d'eau ou un trou pour y laisser tomber les choses. Mais les rivières - les baies - les golfes - j'ose même dire les océans peuvent être utilisés.

Les TOURS sont pris de cette façon: quiconque prend le truc et le lève dans les airs le premier.

DEVOIR: Il devrait être le devoir de toutes les personnes jouant à « COULÉ » d'aider à trouver plus d'objets à couler une fois qu'un objet a été coulé.

SUITE À L'ENGLOUTISSEMENT: Le couleur devrait hurler « *Je l'ai coulé !* » ou quelque chose d'également méditatif.

LA DÉNOMINATION DES OBJETS est parfois désirable. L'objet est nommé par le trouveur du dit objet et quiconque le coule peut dire par exemple, « *J'ai coulé Columbus, Ohio !* »

UN EFFORT JOINT DE LA SOCIETE DISCORDIENNE

Front De Libération Du Bureau de Poste

CECI EST UNE LETTRE EN CHAÎNE. DANS LES PROCHAINS CINQUANTE-CINQ JOURS VOUS RECEVREZ TRENTE-ONZE CENT LIVRES DE CHAÎNES!

Pendant ce temps plantez vos graines.

Si plusieurs personnes qui reçoivent cette lettre plantent quelques graines et si plusieurs personnes reçoivent cette lettre, alors plusieurs graines seront plantées. Plantez vos graines.

Dans les parcs. Sur les terrains. Dans les jardins publics. Dans des endroits lointains. À l'Hôtel de Ville. N'importe où. N'importe quand. Ou commencez une plantation dans votre garde-robe (mais lisez sur le sujet en premier pour cela). Pour une plantation sauvage, il est préférable de les tremper dans l'eau pendant un jour et de les planter par paquet de 5 environ, à environ un demi- pouce de profondeur. Ne vous en faites pas à propos de la météo, elles savent quand la météo est mauvaise et essaieront d'attendre la nature. Ne les trempez pas si c'est l'hiver. Les graines sont une forme de vie très vigoureuse et désirent fortement pousser et croître. Mais certaines d'entre elles ont besoin de l'aide des gens pour commencer. Plantez vos graines.

Faites quelques copies de cette lettre (5 serait agréable) et envoyez-les à des amis à vous. Essayez de les envoyer dans différentes villes et états, et même différents pays. Si vous préférez ne pas le faire, alors s'il vous plait passez cette copie à quelqu'un qui, peut-être, aimerait le faire.

IL N'Y A PAS DE VÉRITÉ à la légende qui dit que si vous jetez une lettre en chaîne, alors toutes sortes de désastres catastrophiques, abominables et outrageux se produiront. Excepté, bien sûr, du point de vue de votre graine.

00067

Q. « *Comment se fait-il qu'un pivert ne se défonce pas les méninges ?* »
R. Personne n'a jamais expliqué cela.

« *Et Dieu a dit, voyez, Je vous ai donné chaque herbe porteuse de graine, qui est à la surface de la terre... pour vous cela devrait être comme de la viande.* »
-Genèse 1:29

	1A	1B	1C	1D	1E	EXPULSÉ
	2A	2B	2C	2D	2E	ÉTENDU
- PROFANE -	3A	3B	3C	3D	3E	CONSCIENT-SUR
	4A	4B	4C	4D	4E	CONSCIENT
	5A	5B	5C	5D	5E	INCONSCIENT

- SACRÉ - □

PLANTEZ VOS GRAINES.
GARDEZ LES PRIX BAS

Questions
Ayez une discussion de classe amicale. Permettez à chaque enfant de dire n'importe quelle partie de la leçon sur « La Courtoisie dans les Couloirs et sur les Escaliers » qu'il apprécie. Nommez quelques causes de dérangement dans votre école.

00069

Chapitre 1, L'ÉPITRE AUX PARANOÏAQUES
- - Lord Omar

1. Vous vous êtes enfermés dans des cages de peur -- et, voyez, vous plaignez-vous maintenant que vous manquez de LIBERTÉ!

2. Vous avez chassé vos frères pour des démons et maintenant vous vous plaignez, vous lamentant, que vous avez été laissé seul à combattre.

3. Tout le Chaos fut votre royaume; en vérité, vous dominiez le Pentaverse entier, mais aujourd'hui vous flippez et sanglotez dans les coins, recoins, et sombres trous d'évier.

4. Ah, comme les noirceurs s'entassent, l'une contre l'autre, dans vos cœurs ! Que craignez vous de plus que ce que vous avez forgé?

5. En vérité, en vérité je vous le dis, tous les Sinistres Ministères de l'Illuminati Bavarois, travaillant ensemble, ne pourraient enlacer ainsi la terre ferme de leurs tribulations comme l'ont fait vos avertissements sans fondement.

Malgré la preuve évidente du contraire, une rumeur persistante soutient que c'était le frère de Mr. Momomoto qui avait avalé Mr. Momomoto durant l'été '44.

Publicité

« ILLUMINEZ L'OPPOSITION »
-- Adam Weishaupt, Grand Primus Illuminatus

DEPÊCHE INTER-OFFICE ENVOYEE

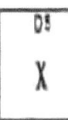

LES ANCIENS PROPHÊTES ILLUMINÉS DE BAVIÈRE - PAVILLON DE VIGILANCE
Mad Malik, Hauptscheissmeister ; Résident pour la Cabale Norton.

LANGAGE CRYPTOGRAPHIQUE CODE SUPER SECRET DE LA SOCIÉTÉ DISCORDIENNE

D'un intérêt possible pour tous les Discordiens, cette information est ici diffusée des voûtes de l'A.P.I.B., sous les auspices de l'Episkopos de Dr. mordecai Malignatius, KNS.

MESSAGE ECHANTILLON : ("VIVE ERIS").

CONVERSION :

```
A  B  C  D  E  F  G  H  I  J   K   L   M   N   O   P   Q   R   S   T   U   V   W   X   Y   Z
1  2  3  4  5  6  7  8  9  10  11  12  13  14  15  16  17  18  19  20  21  22  23  24  25  26
```

ETAPE 1. Ecrivez le message (VIVE ERIS) et mettez toutes les voyelles à la fin (VVRSIEEI)
ETAPE 2. Renversez l'ordre (IEEISRVV)
ETAPE 3. Convertissez en nombres (9-5-5-9-19-18-22-22)
ETAPE 4. Mettez en ordre numérique (5-5-9-9-18-19-22-22)
ETAPE 5. Convertissez inversement en lettres (EEIIRSVV)

Ce langage cryptographique codé est GARANTI 100 % INDECHIFFRABLE.

ATTENTION ! LES PARANOIAQUES VOUS SURVEILLENT !

Voici une lettre des A.P.I.B. à POEE :

La Plus Vieille et La Plus Réussie des Conspirations
Fondé par Hassan i Sabbah, 1090 A.D. (5090 A.L., 4850 A.M.) Réformé par Adam Weishaupt, 1776 A.D. (5776 A.L., 5536 A.M.)

Bavarian Illuminati

( ) AFFAIRES OFFICIELLES   (X) AFFAIRES CLANDESTINES
De: **MAD MALIK** Hauptscheissmeister

Cher Frère Mal-2,

En réponse à votre requête concernant de la propagande non-classifiée à être insérée dans la nouvelle édition du PRINCIPIA, j'espère que ce qui suit sera utile. Et s'il vous plait arrêtez de nous déranger avec vos lettres incessantes !

Épiskopos Mordecai, Gardien du Sojac Notaire, m'informe que vous êtes libres de révéler que nos plus vieux enregistrements existant nous montrent comme ayant été fondés en Atlantis, en 18 000 B.C., sous Kull, l'esclave gallérien qui accéda au Trône de Valusia. Ranimé par Pelias de Koth, en 10 000 B.C. Ce fut possiblement lui qui enseigna les enseignements intérieurs à Conan de Cimmeria après que Conan devint Roi d'Aquilonia. Tout d'abord amené aux hémisphères de l'ouest par Conan et enseigné au clergé Maya (Conan est Questzlcoatl). C'était le 4 Ahua, 8 Cumhu, date Maya. Ranimé par Abdul Alhazred dans son infâme Al Azif, circa 800 A.D. (Al Azif traduit en latin par Olaus Wormius, 1 132 A.D., en tant que Nécronomicon.) L'an 1 090 A.D. vit la fondation de La Secte Ishmaellienne (Hashishim) par Hassan i Sabbah, avec des enseignements secrets basés sur Alhazred, Pelias et Kull. Fondation des Illuminés de Bavière, par Adam Weishaupt, le 1er mai 1776. Il basa celle-ci sur les autres. Weishaupt l'importa aux États-Unis pendant la période où il personnifiait George Washington; et c'était lui qui fut l'Homme en Noir qui donna le modèle pour Le Grand Sceau à Jefferson dans le jardin cette fameuse nuit. La tradition Illuminée est maintenant, bien sûr, dans les mains des Anciens Prophètes Illuminés de la Bavière (A.P.I.B.), quartier général ici aux États-Unis.

Nos enseignements ne sont pas, ai-je besoin de le rappeler, disponible pour publication. Il n'y a pas de mal, cependant, à admettre que certains d'entre eux peuvent être trouvés déguisés dans Finnegan's Wake de Joyce, Nova Express de Burroughs, la traduction King James de la Sainte Bible (pas la Latine ou l'Hébreue par contre), et le Livre Bleu. Sans parler des papiers privés de Ben Franklin (!), mais nous sommes encore en train de supprimer ceux-ci.

Considérant les développements courants--vous savez de quoi je parle--il a été décidé de révéler un peu plus de nos couvertures. Votre publication est opportune, alors mentionnez qu'en plus des vielles couvertures comme les francs-maçons, les Banques Rothchild, et le Système de Réserve Fédérale, nous avons maintenant un contrôle significatif du Federal Bureau of Investigation (depuis que Hoover est mort l'an dernier, mais ceci est encore secret), les Étudiants pour une Société Démocratique, le Parti Communiste Américain, l'Association Anarchiste Américaine, la Chambre de Commerce Junior, la Société du Lotus Noir, le Parti Républicain, la Société de John Dillinger est Mort Pour Vous, et les Filles de Feux de Camp. Il est toujours utile de répandre le trompe-l'oeil des Birchers, que nous recherchons la domination du monde; alors ne révélez pas que le contrôle politique et économique a été réalisé il y a plusieurs générations et que nous ne faisons que jouer avec le monde pour un moment jusqu'à ce que la civilisation évolue suffisamment pour la phase cinq.

MALIK à MAL-2   page 2

En fait vous pouvez toujours pousser La Supercherie de La Réserve Fédérale de Vennard: « *Depuis la Captivité Babylonienne a existé une force déterminée, derrière-la-scène, athéiste, satanique, anti-Chrétienne --adorateurs de Mamon-- dont le but immortel est le contrôle du monde à travers le contrôle de l'Argent. Le 1er juillet 1776 (corrigez ca pour le 1er mai, Vennard ne sait rien faire correctement) le Serpent a levé sa tête dans la société souterraine secrète connue comme étant l'Illuminati, fondée par Adam Weishaupt. Il y a de considérables évidences documentaires pour prouver que toutes les révolutions, les guerres, les dépressions, les grèves et le chaos proviennent de cette source.* » Etc., etc., vous connaissez la chose.

L'emplacement général de notre QG US, soit dit en passant, a presque été exposé; ainsi donc nous allons déménager pour la première fois de ce siècle (quel ennui!). Si vous voulez, vous pouvez révéler qu'il est localisé profondément dans le labyrinthe des égouts sous la Plaza Dealy à Dallas, et est présidé par Le Dealy Lama. Certains plans pour plusieurs nouveaux emplacements sont inclus. S'il vous plait examinez et ajoutez n'importe quel commentaire que vous trouvez pertinent, spécialement à propos de la propension Éristique du site du Pentagone.

Oh, et nous avons des bonnes nouvelles pour vous, Frère Mal! Vous savez ce génie cybernétique Zambian qui a rejoint nos rangs ? Et bien, il a secrètement coordonné les ordinateurs du FBI avec le Système de Zürich et nos théoriciens sont extasiés par la nouvelle information produite.

Regardez si vous, les gens là-bas, pouvez éviter de vous faire exploser pendant seulement deux autres générations, alors nous l'aurons finalement. Après 20 000 ans, le rêve de Kull sera réalisé ! Nous pouvons difficilement le croire. Mais l'issue est certaine, étant donné le temps. Nos petits-enfants, Mal ! Si la civilisation passe à travers cette crise, nos petits-enfants vivront dans un monde de liberté authentique et d'harmonie authentique et de satisfaction authentique. J'espère être encore en vie pour voir ça, Mal, le succès est à notre portée. Vingt mille ans.... !

Ah, je plane juste en y pensant.

Bonne chance avec le Principia. Ewige Blumenkraft! ACCLAMONS ÉRIS.

PS: PRIVÉ - À ne pas publier dans Le Principia.
Nous retournons deux Cyphers Zwack de communications classifiées. Ci-inclus votre copie. NE PAS DIVULGUER CETTE INFORMATION - SÉCURITÉ E-5.

PARTIE 5

LE NON-SENS EN TANT QUE SALUT

La race humaine commencera à résoudre ses problèmes le jour elle cessera de se prendre autant au sérieux.

À cette fin, POEE propose le contre-jeu de NON-SENS EN TANT QUE SALUT. Le salut de cette existence laide et barbare qui résulte du fait de considérer l'ordre si sérieusement et d'avoir si sérieusement peur des ordres contraires et du désordre; ces JEUX qui sont considérés plus important que la VIE ; au lieu de prendre LA VIE EN TANT QU'ART DE JOUER DES JEUX.

À cette fin, nous proposons que l'homme développe son amour inné pour le désordre, et joue avec La Déesse Éris. Et sache que c'est un jeu joyeux, et qu'ainsi PEUT ÊTRE RÉVOQUÉE LA MALÉDICTION DE MORNEFACE.

Si vous pouvez maîtriser l'absurdité autant que vous avez déjà maîtrisé le sens, alors chacun exposera l'autre pour ce qu'il est: absurdité. A ce moment d'illumination, un homme commence à être libre peu importe son environnement. Il devient libre de jouer des jeux d'ordres et de les changer à sa volonté. Il devient libre de jouer des jeux de désordre juste pour le plaisir. Il devient libre de jouer aucun des deux ou les deux. Et en tant que maître de ses propres jeux, il joue sans peur, et donc sans frustration, et donc avec de la bonne volonté dans son esprit et de l'amour en son être.

Et quand les hommes sont libres alors l'humanité sera libre. Puisses-tu être libre de La Malédiction de Morneface. Puisse la Déesse mettre des étincelles dans tes yeux. Puisses-tu avoir la connaissance d'un sage, et la sagesse d'un enfant. Acclamons Éris.

00074

AINSI SE TERMINE LE PRINCIPIA DISCORDIA

Ceci étant une traduction française au format PDF, 5 Mars 2002 • révision SF00002 2009 d'un scan des 4e et 5e éditions Mars 1970, San Francisco; une révision de la 3e édition de 500 copies, établie à Tampa 1969; révisant la 2e édition de 100 copies de Los Angeles 1969; qui était une révision du « PRINCIPIA DISCORDIA ou *COMMENT L'OUEST FUT PERDU* » publié à la Nouvelle-Orléans en 1965 en cinq exemplaires, qui furent simplement perdus.

Ⓚ - Tous Rites Inversés - Tous Rois Renversés - Reproduisez ce que vous voulez

Publié par le Temple Central POEE - San Francisco
« *SUR LE FUTUR SITE DU MAGNIFIQUE CANYON DE SAN ANDREAS* »

BUREAU DE SA HAUTE REVERENCE
MALAKLYPSE LE JEUNE KSC
OPOVIG GRAND PRÊTRE POEE

LE DERNIER MOT

Le document précédent fut révélé à Mal-2 par la Déesse Elle-Même grâce à de multiples consultations avec Elle à l'intérieur de sa Glande Pinéale. Ceci est garanti être le Mot de la Déesse. Toutefois, il est tout simplement juste de spécifier que la Déesse ne dit pas toujours la même chose à chaque auditeur, et que d'autres Épiskopos se font parfois dire des choses assez différentes dans leurs Révélations, qui sont aussi le Mot de la Déesse. Conséquemment, si vous préférez une Secte Discordienne autre que POEE, alors aucune de ces Vérités ne sont irrévocables, et c'est une foutue honte que vous l'ayez lu jusqu'au tout dernier mot.

SOCIETE DISCORDIENNE
UNE COMPREHENSION
AVANCÉE DES MANIFESTATIONS
PARAPHYSIQUES
DU CHAOS DE TOUS LES JOURS

SAVIEZ-VOUS QUE VOUS AVEZ UNE GLANDE PINÉALE ASYMÉTRIQUE ?

Eh bien, probablement que vous en avez une, et c'est malheureux parce que les Glandes Pinéales asymétriques ont perverti l'Esprit Libre de l'Homme, et converti la Vie en un gâchis frustrant, triste et sans espoir.

Heureusement, vous avez en votre possession un livre qui vous montrera comment découvrir le salut à travers
ÉRIS, LA DÉESSE DE LA CONFUSION.
Il vous fournira des conseils sur comment équilibrer votre Glande Pinéale et atteindre l'Illumination spirituelle. Et il vous enseignera comment changer votre misérable gâchis en un magnifique, joyeux et splendide désordre.

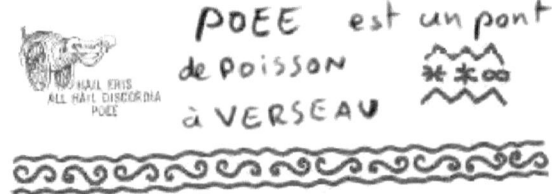

VERSION FRANCAISE ORIGINELLE REALISEE PAR LE POLYVAILLANT PAPE **APFELKUCHEN** DE L'EGLISE DE LA REDUCTION FINALE DE MOOMOH, 23^E CABBALE (AIK) POEE

Revision omnidouloureuse et anti-anéristique par **Spartakus FreeMann**, Mini Pape de la Cabbale Fritée d'Ara Lunae POEE, persiste et siNge.

HAIL ERIS ! 23 ! 23 ! 5 !

FNORD ?!

Ambrose Pierce dit :

« SAUVEZ NOS CODES BARRES ! »